Viviana y su gran aventura mexicana

ABBY KANTER
Dwight-Englewood School
Englewood, NJ

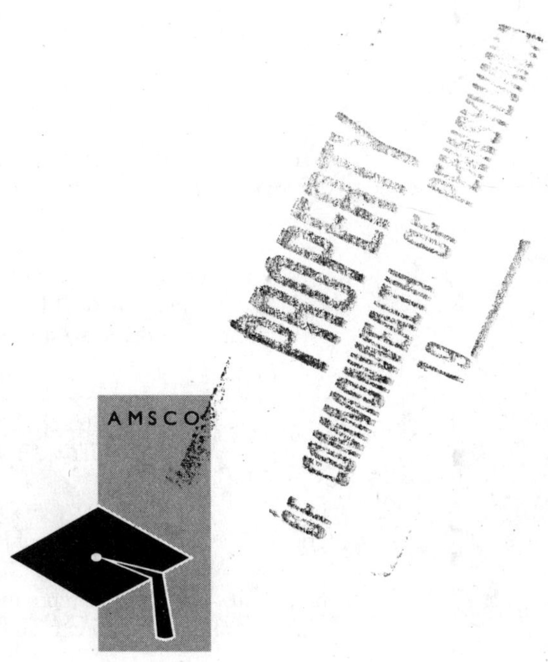

AMSCO SCHOOL PUBLICATIONS, INC.
315 Hudson Street, New York, N.Y. 10013

To my husband, Ed,
who makes my reality magical
and brings rediscovered joy to each day.

Cover and Text Design by Merrill Haber
Cover and Text Illustrations by Tony D'Adamo

When ordering this book, please specify:
either **R 683 P**
or **Viviana y su gran aventura mexicana**

ISBN 1-56765-475-4
NYC Item 56765-475-3

Printed in the United States of America

1 2 3 4 5 6 7 8 9 10 05 04 03 02 01 00 99

Preface

Viviana y su gran aventura mexicana is designed for use in the Level II Spanish classroom. Although the story begins where *La gran aventura de Alejandro* ends, reading *Alejandro* is not a necessary prerequisite for the enjoyment and understanding of this current volume.

While reading *Viviana*, students will accompany the young protagonist on a magical tour of Mexico, its history and culture, as seen through the eyes of a student like themselves.

Viviana is a fifteen-year-old Cuban American girl, filled with idealism, a love of adventure, and a growing sense of her own individuality and identity. Upon arriving in Mexico, Viviana receives the gift of a magic ring whose powers enable her to communicate with historical and cultural figures from Mexico's past. She learns of Aztec customs and family life from a fifteenth-century Aztec woman, and views history through the eyes of Cuauhtémoc, La Malinche, Benito Juárez, Pancho Villa, and many others. Cultural icons as diverse as Frida Kahlo and Sor Juana Inés de la Cruz share details of their lives and creativity with Viviana, while La Gran Cabeza Olmeca evokes some metaphysical speculation.

Vocabulary and grammatical structures are kept at the appropriate level for low intermediate students. Extensive use of dialogue in the reading provides students with a reinforcement of everyday conversational Spanish. Words with the greatest utility are introduced as vocabulary at the beginning of each chapter. When possible, the words are defined in Spanish. English definitions are used only when the possibility exists that students may not completely comprehend the meaning of the new word. These frequently used words are reinforced in vocabulary exercises preceding each chapter, are present in the reading, and are then recycled in subsequent chapters, both in readings and in exercises. By means of multiple exposures, maximum retention of vocabulary is facilitated. Less common words and expressions are glossed in the margins to aid in reading comprehension—again, in Spanish when possible.

The comprehension exercises at the end of each chapter are structured from simple to more complex, and a paired or group dialogue exercise, as well as suggestions for guided composition are also provided. The dialogue and composition activities are designed to help students use the vocabulary they are learning while expressing opinions and becoming involved in a personal way with the historical and cultural material of the chapter.

While developing students' language skills, *Viviana y su gran aventura mexicana* also provides a personal and accessible introduction to Mexican history and culture. Viviana's magic ring is just a convenient artifice. The true magic in the story is Viviana herself: her eagerness for new experiences, her open heart and mind in interacting with all those she meets on her journey, and her capacity to question and explore.

Acknowledgements

Once again I would like to express my gratitude to the Dwight-Englewood School community for its nurturing and supportive atmosphere. In particular I would like to thank Janet Glass for her generosity in sharing her personal library and knowledge of Mexico and Barbara Catalano for her patient and congenial help. Special thanks go as well to the Dwight-Englewood Library and to Teresa Wyman and Jane Rashdan, librarians at the Leonia Public Library.

As always, I am grateful to my children, Jason and Wendy, and to my "extended" children, Kristine and Scott. Their very generous and loving help and support enabled me to write this book in the midst of challenging circumstances.

A.K.

Contents

GOLFO DE MÉXICO
MÉXICO
OCÉANO
PACÍFICO
Chichén Itzá
Mérida
Jalapa
Veracruz
Yucatán
Villa de
Guadalupe
Ciudad de
México
Tlamacas
Puebla

Capítulo 1

Conocemos a Viviana

VOCABULARIO

SUSTANTIVOS

el/la soñador(a) una persona que sueña; *dreamer*
el susto el miedo; *great fear or shock*

VERBOS

encantar gustar mucho; *to be very pleasing* (Me encantan las películas de Leonardo di Caprio.)
esconderse *to hide (oneself)*
fastidiar *to bother, to annoy, to tease*
gritar *to scream, to yell*
llegar a ser *to become*
molestar fastidiar; *to bother*
nacer empezar la vida; *to be born*
odiar el contrario de «querer» o «amar»; *to hate*
parecer *to seem*
saltar *to jump*

ADJETIVOS

amable *kind*
raro(a) diferente de lo normal; *strange*

EXPRESIONES ÚTILES

actualmente ahora, en este momento; *now*
lleno(a) de *full of*

Ejercicios de vocabulario

A. Pareo Escribe la letra de la definición que corresponde.

1. odiar	**a.** comenzar (empezar) la vida
2. gustar mucho	**b.** hablar en voz muy alta
3. esconder	**c.** no muy ordinario
4. gritar	**d.** molestar
5. raro	**e.** el contrario de «querer» o «amar»
6. nacer	**f.** encantar
7. fastidiar	**g.** poner algo en un lugar raro, difícil de encontrar

B. Tus opiniones Contesta.

1. Describe un susto grande en tu vida.
2. ¿Dónde te escondes para estar solo(a)?
3. ¿Cuál es el libro más raro que leíste?
4. ¿Qué quieres llegar a ser algún día?
5. ¿Cuándo naciste?
6. ¿Te molesta tu hermano o hermana? (Me molesta…)
7. ¿Eres soñador(a) como Viviana?
8. ¿Quién te parece una persona muy amable? ¿Por qué?
9. ¿Qué grupo musical te encanta? (Me encanta[n]…)
10. ¿En qué deporte es necesario saltar muy alto?
11. ¿Tienes tu dormitorio lleno de carteles *(posters)?*

Conocemos a Viviana

Viviana Jiménez es una joven cubanoamericana de quince años. Viviana es un nombre perfecto para ella porque es muy activa, llena de vida y muy intensa. Sus pasiones incluyen la música (le gusta tocar el piano), los deportes (juega muy bien al fútbol), la poesía (le gusta leer y escribir poemas) y los animales (tiene dos perros en casa). Pero sobre todo Viviana es romántica y soñadora.

Viviana vive con su familia en Englewood, Nueva Jersey, no muy lejos de Nueva York. Su madre, Margarita, es maestra de español. Humberto, su padre, es médico en un gran hospital de Nueva York. Daniel, el

hermanito de Viviana, tiene once años. Daniel tiene una gran pasión en la vida: vive para fastidiar a Viviana. Cuando Viviana habla con sus amigas por teléfono, a Daniel le encanta escuchar y después revelar los secretos de su hermana. Cuando los amigos de Viviana la visitan en casa, Daniel siempre está allí para molestarlos. Una vez Daniel usó otro teléfono de la casa para llamar a Viviana. Mientras sonaba el teléfono, Daniel corrió rápido y se escondió en una *canasta de ropa sucia*. Cuando oyó que Viviana corría *hacia* su teléfono, Daniél saltó de la canasta y gritó. La pobre Viviana casi se murió del susto. Después Viviana corrió tras Daniel por toda la casa, pero no pudo *alcanzarlo*. A veces parece que Viviana odia a su hermanito. Pero de veras (realmente) lo quiere. ¡Después de todo son hermanos!

canasta de ropa sucia *clothes hamper*
hacia *toward*
alcanzarlo *to catch him*

Los padres de Viviana nacieron en La Habana, Cuba. Como muchos cubanos se fueron de Cuba después de una revolución que cambió su país. La Sra. Jiménez salió de Cuba con su familia cuando ella tenía sólo ocho años. El doctor Jiménez salió cuando tenía dieciséis años. Primero fue a España, y después llegó a Nueva York para vivir con sus tíos. Sus padres *se quedaron* en Cuba. Después de unos años, los Jiménez llegaron a ser *ciudadanos* americanos.

se quedaron *stayed*
ciudadanos *citizens*

Aunque Viviana y Daniel nacieron en los EE.UU. y son americanos, también tienen una identidad cubana. Son bilingües; hablan español igual que el inglés y de veras viven en las dos culturas. Todas las amigas yanquis de Viviana van a celebrar su *«dulce dieciséis»*, pero Viviana ya celebró su quinceañero, la gran fiesta que la familia hace cuando una joven cumple quince años. Incluso los nombres de los perros de Viviana reflejan su cultura cubana. Se llaman Edisón y Tigre. El primer perro se llama Edisón en honor del Instituto Edisón, el colegio que la familia de la Sra. Jiménez tenía en La Habana. Todos los parientes de la Sra. Jiménez eran profesores. El segundo perro se llama Tigre porque *Tres tristes tigres* es la novela cubana favorita del Dr. Jiménez. Los Jiménez hablan mucho de su *país perdido*. Viviana toca música cubana en el piano, lee los

«dulce dieciséis» *sweet sixteen*
país perdido *lost country*

poemas de José Martí y sueña con visitar Cuba algún día para encontrar sus «*raíces*». **raíces** *roots*

Actualmente los Jiménez están de vacaciones en México. Ayer llegaron al Aeropuerto Internacional de la Ciudad de México. Están en el encantador Hotel de Cortés en la Ciudad de México. Mientras la Sra. Jiménez y Viviana sacan la ropa de sus maletas, la Sra. Jiménez nota un anillo extraño en el dedo de su hija.

—Mi amor— le dice a Viviana.— ¿De dónde viene ese anillo que llevas? No lo vi antes.

—Un muchacho me lo dio en el aeropuerto ayer, mamá. Mientras tú y papi ya estaban en *la aduana*, mi maleta se me abrió y la ropa se cayó al suelo. Un muchacho muy amable me ayudó a *recogerla*. Era un muchacho mexicano que se llama Alejandro. Alejandro me dijo que el anillo me iba a ayudar a conocer su país. No lo entiendo pero me gusta el anillo.

la aduana *customs*

recogerla *pick it up*

—¡Qué raro!— dijo la mamá.— ¿Cómo puede ayudarte a conocer México?

—No sé, mamá. Vamos a ver.

◈◈ Ejercicios de comprensión ◈◈

A. ¡A completar! Selecciona la mejor respuesta para completar la frase.

1. La Sra. Jiménez es de una familia de ____.
   - **a.** médicos
   - **b.** profesores
   - **c.** arquitectos
   - **d.** poetas

2. La identidad cultural de los Jiménez es ____.
   - **a.** norteamericana
   - **b.** cubana
   - **c.** una mezcla de norteamericana y cubana
   - **d.** mexicana

3. Viviana recibió el anillo de ____.
   - **a.** una gitana
   - **b.** un joven mexicano

c. su mamá
d. Daniel

4. José Martí fue ____.
   a. un poeta cubano
   b. el autor de *Tres tristes tigres*
   c. un líder mexicano
   d. el nombre del perro de Viviana

5. Edisón es el nombre ____.
   a. del perro de Viviana
   b. de la escuela de la familia de la Sra. Jiménez
   c. de un inventor norteamericano
   d. (a, b, y c)

B. ¿Verdadero o falso? Si la frase es verdadera, di que sí. Si es falsa, corrígela.

1. Daniel es menor (más joven) que Viviana.
2. Los Jiménez son mexicanos.
3. Viviana va a celebrar su «dulce dieciséis».
4. Viviana y Daniel hablan dos lenguas.
5. Daniel es siempre amable con su hermana.
6. A Viviana le encanta la cultura cubana.

Diálogo

Con un(a) compañero(a) de clase, presenta un diálogo entre Alejandro y Viviana en el aeropuerto. ¿Qué se dicen mientras Alejandro ayuda a Viviana a recoger *(pick up)* su ropa del suelo?

Composición

Los padres de Viviana son inmigrantes; vinieron a los Estados Unidos de Cuba. Entrevista *(Interview)* a un(a) inmigrante. Puedes preguntarle lo siguiente.

- ¿De dónde es Ud.?
- ¿Qué otra lengua habla?
- ¿Cuándo llegó a los Estados Unidos?
- ¿Por qué vino aquí?
- ¿Cuántas personas hay en su familia y dónde viven?
- ¿Qué trabajo o empleo tiene Ud.?

- ¿Qué empleo tenía en su país nativo?
- ¿Cuál es una diferencia cultural entre su país nativo y los Estados Unidos?

Puedes preguntar otras cosas también si quieres. Toma apuntes durante la entrevista. Después escribe una composición sobre esta persona.

Capítulo 2

Una diosa enojada

VOCABULARIO

SUSTANTIVOS

el corazón un órgano vital del ser humano; *heart*
el/la dios(a) una figura suprema; *god, goddess*
el fin la parte final; *end*
la guerra *war*
el lugar *place*
el mito *myth*
el mundo *world*
la pena la tristeza; *emotional pain, sadness*
el principio la primera parte; *beginning*
la sangre líquido rojo dentro del cuerpo humano; *blood*
el siglo cien años; *century*
la voz *voice*

VERBOS

construir (y) *to build, to construct* (construyo, construyes, construye, construimos, construís, construyen)
destruir (y) el contrario de «construir»; *to destroy* (destruyo, destruyes, destruye, destruimos, destruís, destruyen)
equivocarse *to make a mistake*
matar *to kill*
quedarse no irse; *to stay, to remain*
quedar(se) + *adjective* *to be left* (El niño se quedó muy triste después de la muerte de su perro.)
tener ganas de tener el deseo de; *to feel like doing something*

ADJETIVOS

enojado(a) *angry*
listo(a) preparado(a); *ready*

EXPRESIONES ÚTILES

basta ya *enough already*

Ejercicios de vocabulario

A. Crucigrama Llena el crucigrama.

**Las respuestas no están limitadas al vocabulario de este capítulo.*

HORIZONTAL

1. Los Jiménez tienen ____ de explorar la Ciudad de México.
4. Alejandro le ____ el anillo mágico a Viviana.
5. Viviana oye la ____ en la voz de una amiga triste.

6. —Me ____ Alejandro— dice el joven mexicano.
8. Cuando Daniel fastidia mucho a Viviana, ella le dice: —¡____ ya!
11. Los españoles destruyeron el mundo azteca; el ____ de esta cultura tan rica es muy triste.
12. Yo ____ una película muy rara.
13. Yo siempre ____ «adiós» cuando me voy.
14. El contrario de «el fin» es el ____.
15. Viviana tuvo un gran ____ cuando Daniel saltó de la canasta.

VERTICAL

1. Los aztecas lucharon en una ____ contra sus enemigos.
2. Hay cien años en un ____.
3. El color de la sangre es ____.
4. Zeus fue un ____ griego *(Greek)*.
7. Respeto la vida. Yo no ____ ni a un insecto.
9. Los aztecas ofrecieron *(offered)* la ____ de sus víctimas a los dioses.
10. La historia de Pandora es un ____ griego.
12. La Sra. Jiménez oyó las ____ de sus hijos porque gritaron.

B. Tus opiniones Contesta.

1. ¿Quién tiene la voz más bonita del mundo?
2. ¿Cuál es el símbolo del amor?
3. Después de trabajar mucho, ¿qué tienes ganas de hacer?
4. ¿Qué problema causa mucha pena en el mundo?
5. ¿Quién te pone muy enojado(a)? ¿Por qué?
6. ¿Estás listo(a) para un viaje a México?
7. ¿Cuál es tu lugar favorito del mundo?
8. ¿En qué examen te equivocaste mucho?
9. Después de ver una película trágica, ¿te quedas muy triste?

Una diosa enojada

Es la primera mañana de las vacaciones y los Jiménez tienen ganas de ver las maravillas de la Ciudad de México. Deciden empezar donde empezó la ciudad: el Zócalo, el centro histórico de la ciudad. Aquí, en el siglo XIV, los aztecas construyeron Tenochtitlán, que llegó a ser la capital del mundo azteca. Cuando llegaron a este lugar, los aztecas

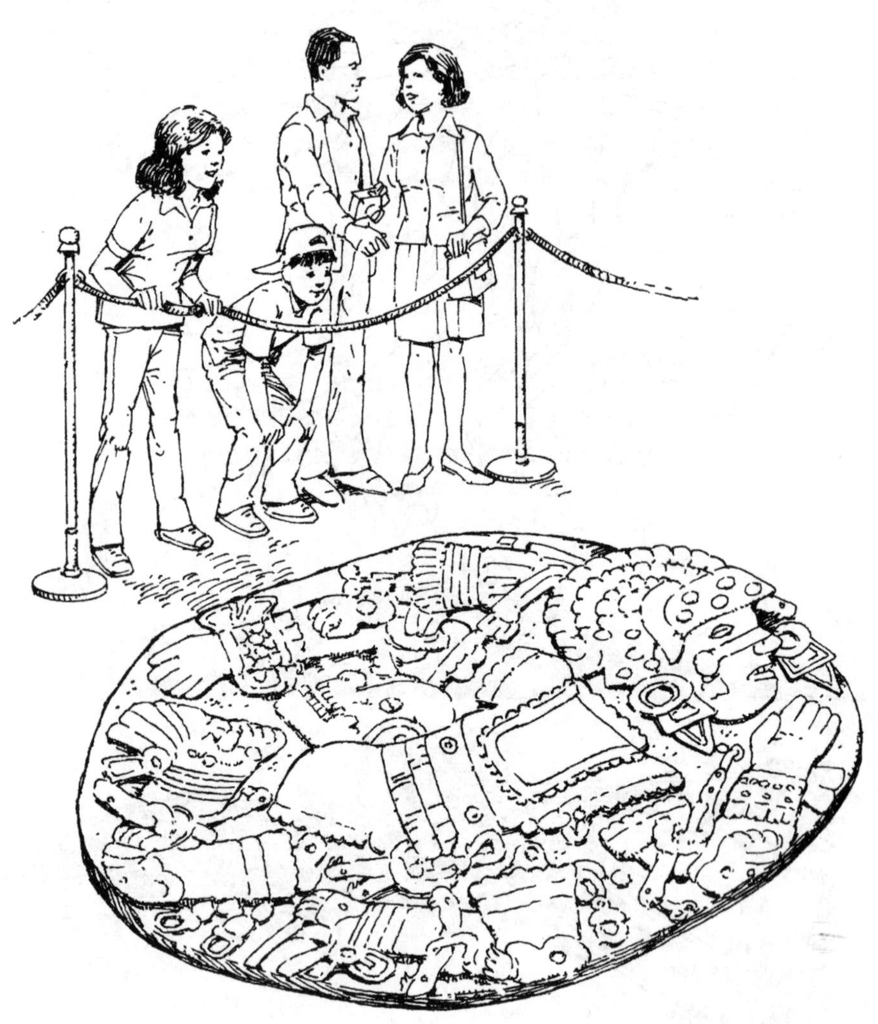

vieron un *águila* con una serpiente en el *pico*. El dios más importante de los aztecas, Huizilopochtli, les dijo que esta águila *sería* un símbolo para indicar donde debían construir la ciudad. Así los indios construyeron una ciudad magnífica allí, en el centro de un lago, con un sistema de *puentes* y canales que la gente usaba como transporte. Cuando llegó *Cortés* con sus *soldados* españoles, todos se quedaron muy impresionados por la arquitectura y la grandeza de Tenochtitlán. Ahora los Jiménez van a quedarse impresionados también. Toman el metro (tren subterráneo) para llegar al Zócalo.

Van directamente al Templo Mayor, dedicado a los dioses aztecas. Los aztecas creían que a sus dioses les gustaban los sacrificios de sangre humana. Los indios mataban a sus enemigos y ofrecían su sangre a los dioses. Los Jiménez ven pirámides y altares de sacrificio dedicados a los dioses. En el Museo del Templo Mayor hay una piedra circular, enorme, donde se ve la figura de Coyolxauhqui, la diosa de la luna. Mientras los Jiménez miran la imagen grotesca de la diosa, con la cabeza cortada, algo raro ocurre. El anillo en el dedo de Viviana empieza a brillar, y de repente la joven oye una voz.

—¿Quién habla?— pregunta Viviana.

—No oí a nadie, mi vida— dice la Sra. Jiménez.

—Mi hermana la loca. ¡Oye voces imaginarias!— dice Daniel.

Pero Viviana oye la voz otra vez.

—Soy yo, Coyolxauhqui— dice la voz.— Mi espíritu está *preso* aquí en esta piedra. Quiero hablarte de mi pena.

—¡Es verdad que te oigo! ¡Y mi hermano dijo que estoy loca!

—¿Crees que tienes problemas con un hermano? Yo tenía cuatrocientos hermanos. Dioses todos. Nuestra mamá era Coalicue, la diosa de la vida y la muerte. ¡Qué fea era mamá! Siempre llevaba una falda de serpientes y un *collar* de corazones humanos. Un día yo descubrí que mamá iba a tener otro hijo. Me sentí muy enojada. ¡Qué barbaridad—cuatrocientos uno! ¡Basta ya! Así hice un plan con mis

águila gran pájaro, símbolo de los EE.UU.; *eagle*
pico *beak*
sería *would be*
puente lo que se usa para cruzar el agua; *bridge*
Cortés *Hernán Cortés, Spanish explorer who conquered the Aztecs of Mexico*
soldados hombres que luchan; *soldiers*
preso *imprisoned*
collar *necklace*

cuatrocientos hermanos para matar a mamá. Pero el niño que ella llevaba adentro nació ya *guerrero*, y *armado* y listo para luchar. Este hermano mío, Huizilopochtli, me mató. Me cortó la cabeza. Después mató a los otros cuatrocientos. Así Huizilopochtli llegó a ser el jefe de los dioses y el favorito de mamá.

guerrero hombre que lucha; *warrior*
armado *armed*

—Comparado con tu hermano, Daniel es un santo— dice Viviana.

—Sí. Debes *apreciarlo*. Mi hermano Huizilopochtli es el dios del sol y de la guerra y siempre demanda sacrificios de sangre humana. Hay una guerra eterna entre Huizilopochtli y Tezcatlipoca, el dios de la noche. Si Tezcatlipoca gana, el mundo va a morir sin luz. Por eso la gente ofrece sangre y corazones para *alimentar* a Huizilopochtli. Los aztecas hacen guerras sólo para capturar hombres para sacrificar. Estas guerras se llaman «guerras floridas».

apreciarlo *to appreciate him*

alimentar *to feed, to nurture*

—¡Qué horror!— dice Viviana. Pero la voz ya no contesta. La piedra está otra vez tranquila. Viviana mira a sus padres y sabe que no oyeron su conversación con Coyolxauhqui. Ahora Viviana entiende la magia del anillo.

Después de salir del Museo del Templo Mayor, los Jiménez visitan el templo dedicado a Tezcatlipoca, uno de los dioses de la creación. Frente a este templo, otra vez el anillo brilla y Viviana oye la voz de Tezcatlipoca:

—Soy Tezcatlipoca, el dios de la noche. Pero también fui el primer sol al principio del mundo. Los otros dioses crearon las primeras personas, pero eran gigantes, las hicieron demasiado grandes. Tuve que destruirlas. *Me convertí en* un jaguar y me las comí. Después había tres soles más y tres grupos de personas, creaciones de los dioses. Estas creaciones eran todas imperfectas también. Por eso los otros dioses y yo las destruimos o las convertimos en varios animales. Por fin el dios más pobre y humilde, Nanahuatl, se tiró al fuego y después subió al cielo para llegar a ser el verdadero sol, el sol que los Aztecas de hoy adoran.

Me convertí en *I changed into*

Viviana se queda muy impresionada por este mito de la creación azteca.

—¡Qué raro!— pensó Viviana.— Aun los dioses pueden equivocarse.

◈◈ Ejercicios de comprensión ◈◈

A. ¡A completar! Selecciona la mejor respuesta para completar la frase.

1. Un águila con una serpiente en el pico es el símbolo ____.
   a. de los dioses aztecas
   b. que indica el lugar exacto para construir la gran ciudad de los aztecas
   c. de los sacrificios humanos
   d. de las guerras floridas.

2. Tenochtitlán es el nombre ____.
   a. de la capital del mundo azteca
   b. de la capital de México hoy día
   c. del dios más importante de los aztecas
   d. de uno de los hermanos de Coyolxauhqui

3. Los aztecas construyeron su ciudad principal ____.
   a. sobre las ruinas de otra ciudad
   b. en el centro del país
   c. en el centro de un lago
   d. en el Zócalo

4. Huizilopochtli es un dios ____.
   a. amable
   b. soñador
   c. lleno de amor
   d. muy violento

5. Según el mito de creación azteca, los dioses ____.
   a. eran muy amables con sus creaciones
   b. eran perfectos
   c. se equivocaron cuatro veces
   d. formaron los primeros hombres a su propia imagen *(in their own image)*

B. ¿Verdadero o falso? Si la frase es verdadera, di que sí. Si es falsa, corrígela.

1. Los españoles construyeron Tenochtitlán.
2. El Templo Mayor está dedicado a los dioses aztecas.

3. Coyolxauhqui es de una familia muy amable.
4. Huizilopochtli es el hermano de Coyolxauhqui.
5. Al principio Tezcatlipoca y los otros dioses crearon personas perfectas.

Diálogo

Tú también tienes un anillo mágico. ¿Con qué figura histórica o ficticia quieres hablar? Con un(a) compañero(a) de clase, presenta un diálogo con esa figura.

Composición

Escribe una carta de Daniel o de Viviana a un(a) amigo(a) en los EE.UU. Describe lo que pasa en las vacaciones en México. Puedes incluir lo siguiente.

- el joven mexicano que Viviana conoció en el aeropuerto
- la visita de los Jiménez a Tenochtitlán
- lo que Daniel y Viviana aprenden de los dioses aztecas

También puedes inventar situaciones entre los Jiménez. Puedes incluir frases que empiecen con lo siguiente.

- Mi hermano(a) me fastidia cuando él (ella)...
- Tengo ganas de...
- Me quedé más impresionado(a) por...
- Mis padres estaban enojados cuando...

Capítulo 3

Pluma del Quetzal

VOCABULARIO

SUSTANTIVOS

la boda *wedding*
el castigo *punishment*
el lado *side*
el maíz *corn*
los muebles *furniture*
el/la novio(a) *bridegroom (bride), boyfriend (girlfriend)*
el oro un metal precioso; *gold*
la suerte *luck*

VERBOS

casarse unirse en matrimonio; *to get married*
cuestionar *to question*
doler (ue) *to ache or hurt* (Me duele la cabeza.)
llenar(se) *to fill*
meter poner; *to put*
mezclar *to mix*

ADJETIVOS

sabio(a) que sabe mucho; *wise*

EXPRESIONES ÚTILES

hay que es necesario; *it's necessary*
estar harto(a) no querer más; *to be fed up with*
ir de compras *to go shopping*
tener hambre tener ganas de comer; *to be hungry*

Ejercicios de vocabulario

A. Pareo Escribe la letra de la palabra que corresponde.

1. la boda	**a.** poner
2. la suerte	**b.** muy inteligente
3. los muebles	**c.** es necesario
4. mezclar	**d.** ganar la lotería
5. ir de compras	**e.** cuando se casan dos personas
6. estar harto	**f.** sillas, camas, mesas, etc.
7. meter	**g.** entrar en varias tiendas
8. tener hambre	**h.** tener ganas de comer
9. hay que	**i.** meter varios ingredientes en el mismo bol
10. sabio	**j.** un metal que se usa para hacer un anillo
11. el oro	**k.** no querer más

B. Tus opiniones Contesta.

1. ¿Cuál es el peor castigo que sufres cuando tus padres están enojados contigo?
2. ¿Tienes buena suerte? Explica.
3. En tu opinión, ¿cuántos años debe tener una persona para casarse?
4. ¿A veces cuestionas la autoridad de tus padres? ¿De tus profesores? Explica.
5. ¿Quién es la persona más sabia que conoces? ¿Por qué?
6. ¿Estás harto(a) de oír hablar acerca de cierto asunto *(subject)?* ¿Cuál es?

Pluma del Quetzal

Los Jiménez salen del Templo Mayor y caminan hacia el Zócalo por la Calle de la Moneda. Daniel, que siempre piensa en llenarse la barriga (el estómago), quiere buscar un restaurante. Tiene hambre y quiere almorzar. Viviana está harta de los museos y tiene ganas de ir de compras a la Zona Rosa donde hay tiendas de toda clase. Pero mientras deciden, pasan enfrente del Museo Nacional de las Culturas, y los padres deciden entrar.

—Basta ya de museos— dice Daniel.

—*No seas fresco*— dice la Sra. Jiménez.— *Hay que respetar las canas*.

Así entran en el museo. Adentro ven *exposiciones* arqueológicas de muchas culturas antiguas. En una sala llena de *artefactos* aztecas, un bol muy viejo llama la atención de Viviana. No es el artefacto de un dios o un rey, sino una cosa de la vida diaria de una familia azteca. Viviana empieza a pensar en la mujer que utilizaba ese bol. ¿Cómo era? ¿Cómo se llamaba? ¿Era feliz? Mientras piensa, el anillo empieza a brillar y Viviana se encuentra transportada a una casa de *adobe*. La casa es muy simple, con unos pocos muebles muy simples. En el piso de tierra está sentada una mujer joven. Ella mezcla una *masa* de maíz y agua en un bol. ¡Es el mismo bol que Viviana vio en el museo!

—¡Qué bueno tener compañía después de tantos siglos de silencio!— dice la joven.— Me llamo *Pluma del Quetzal*.

—¡Qué nombre raro y bonito! Me llamo Viviana. ¿Vives aquí sola?

—No. Todos aquí en *las afueras* de Tenochtitlán viven en familias. Mi esposo está en el gran mercado de Tenochtitlán. Es *artesano* de cosas de oro y piedra. Vende sus creaciones en el mercado. Mi hijo, *Águila Habladora*, está en la escuela. Como todos los niños de más de ocho años, él asiste a la escuela. Todos los muchachos estudian para ser buenos *guerreros*. Aprenden a luchar bien para honrar a nuestros dioses. La guerra es un aspecto natural y bello de la vida. Luchamos como nuestro dios Huitzilopochtli lucha cada día contra el dios de la noche para darnos el sol de cada día. Si no luchamos por él, si no le damos sacrificios de sangre, Huitzilopochtli no va a luchar por nosotros.

—¿Y crees todo eso?— pregunta Viviana.

—¡Cómo no! Es lo que mis padres me dijeron. Un niño que cuestiona lo que dicen sus padres sufre castigos terribles. Tiene que meter la cara cerca de un *fuego de chiles*, que hace doler mucho los ojos y la nariz. Y hay cosas peores. Hay que aceptar absolutamente todo lo que dicen los padres.

—¡Qué abuso!— dice Viviana.

No seas fresco. *Don't be fresh.*

Hay que respetar las canas (*canas* *= gray hairs)* Hay que respetar a las personas mayores (más viejas).

exposiciones *exhibits*

artefacto *artifact, object made by human hands*

adobe *sun baked bricks*

masa *dough*

Pluma del Quetzal *feather of the quetzal bird*

las afueras la area cercana a una ciudad; *suburbs*

artesano *artisan, craftsman*

Águila Habladora *Talking Eagle*

guerreros hombres que luchan en la guerra; *warriors*

fuego de chiles *fire of burning chili peppers*

—Es simplemente nuestra manera de vivir. Y yo *crío* a mi hijo *según* nuestras costumbres— contesta Pluma del Quetzal.

crío *I'm raising, bringing up*
según *according to*

—¿Cuántos años tiene tu hijo?

—Diez.

—¡Pareces muy joven para tener un hijo de diez años!— dice Viviana.

—No. Tengo veintiséis años. Me casé a los dieciséis años como todas las aztecas. Una vieja casamentera (una persona que arregla matrimonios) seleccionó un esposo para mí.

—¡Una vieja decidió tu esposo!

—¡Sí!— contestó Pluma del Quetzal.— Los viejos son más sabios que los jóvenes. Entienden más del mundo. Siempre respetamos las canas.

—¿Dónde oí este *refrán*?— pensó Viviana.

refrán *saying*

—La ceremonia de la boda es muy simple— dice la joven azteca.— Los novios se sientan *lado a lado*. La casamentera hace un *nudo* con la *capa* del novio y la blusa de la novia. ¡Y ya está! Después están casados.

lado a lado *side by side*
nudo *knot*
capa *cape, cloak*

—Ahora entiendo de donde viene la expresión *«atar el nudo»*— dice Viviana.

atar el nudo *to tie the knot*

—¿Cómo?

—«Atar el nudo» es una expresión norteamericana que significa «casarse»— contesta Viviana.— En nuestras bodas la novia siempre lleva un vestido blanco. ¿Cuál es la costumbre aquí?

—Como todas las novias yo llevé una blusa *bordada* con flores y tenía plumas rojas en los brazos y las piernas, y *polvos* amarillos en la cara. La casamentera me llevó en *las espaldas* desde mi casa a la casa de mi novio, porque es mala suerte si la novia pone los pies en el suelo. Y después...

bordada *embroidered*
polvos *powder*
las espaldas *her back*

Pero Viviana no puede oír más. Está de nuevo en el museo con su familia.

—Mi hermana *la boba*. ¿Por qué estás tanto tiempo mirando un bol?— le pregunta Daniel.

la boba la tonta; *fool, dummy*

—Tu hermana quiere aprender acerca de la vida diaria de los aztecas— dice el Dr. Jiménez.

—Aprendí que yo no puedo ser buena azteca. Me gusta más nuestra cultura— contesta Viviana, pensando en las reglas de la sociedad azteca.

◈◈ Ejercicios de comprensión ◈◈

A. La sociedad azteca Selecciona la mejor respuesta para completar la frase.

1. En la sociedad azteca, los novios son seleccionados por ____.
   a. los padres
   b. la suerte
   c. los dioses
   d. una vieja

2. En la opinión de los aztecas, la guerra es ____.
   a. un aspecto natural e importante de la vida
   b. un castigo de los dioses
   c. un gran sufrimiento
   d. una tontería (cosa estúpida)

3. En la cultura azteca, la novia no pone los pies en el suelo el día de la boda porque ____.
   a. le duelen los pies
   b. no tiene zapatos
   c. es una superstición de mala suerte
   d. el novio quiere llevarla

4. El objetivo *(goal)* de la educación de los muchachos aztecas es prepararlos para ____.
   a. ser buenos padres
   b. ser líderes *(leaders)* políticos
   c. luchar en las guerras
   d. trabajar en el mercado

B. Una conversación con una azteca Contesta.

1. Después de salir del Templo Mayor, ¿qué quiere hacer Daniel?
2. ¿Qué quiere hacer Viviana?
3. ¿Qué hacen los Jiménez?
4. ¿Por qué tiene Viviana tanto interés en el bol?
5. ¿Quién es Pluma del Quetzal?
6. ¿Quién es Águila Habladora?
7. ¿Qué aspectos de la sociedad azteca no le gustan a Viviana?

Diálogo

Con un(a) compañero(a) de clase, prepara un diálogo. El diálogo puede ser entre Viviana y Pluma del Quetzal o entre Daniel y Águila Habladora. Los aztecas quieren saber sobre nuestra cultura. Hacen preguntas sobre nuestras costumbres de matrimonio y de crianza de *(raising)* los niños; preguntan también sobre nuestras actitudes *(attitudes)* con respecto a la guerra y otras cosas. ¿Cómo crees que reaccionarán cuando Daniel o Viviana les cuentan nuestras costumbres?

Composición

Tú eres Pluma del Quetzal o Águila Habladora. Estás en un pueblo o una ciudad de los Estados Unidos al final del siglo XX. Escribe una composición sobre qué te parece. ¿Qué piensas de las cosas raras que ves? Puedes incluir lo siguiente.

- los métodos de transporte
- los métodos de comunicación (teléfonos, computadoras, etc.)
- las diversiones *(entertainment):* la televisión, las películas
- las relaciones entre padres e hijos

Capítulo 4

El último rey azteca

VOCABULARIO

SUSTANTIVOS

el cobarde una persona que tiene mucho miedo; *coward*
el héroe *hero*
la mentira algo falso, el contrario de «la verdad»; *a lie*
la paz el contrario de «la guerra»; *peace*
el rey *king*
la valentía *bravery*

VERBOS

aguantar tolerar; *to put up with*
darse cuenta de *to realize, to become aware of*
deber *should*
merecer (yo merezco) *to deserve, to merit*
pararse no andar más; *to stop*
prometer *to promise*

ADJETIVOS

mayor más viejo(a); *older*
menor más joven; el contrario de «mayor»; *younger*
último(a) *last*

EXPRESIONES ÚTILES

arriba el contrario de «abajo»; *upwards*
siguiente lo que sigue; *following, the next*

Ejercicios de vocabulario

A. Pareo Escribe la letra de la definición que corresponde.

1. la mentira	**a.** que no tiene valentía
2. último	**b.** el contrario de «la guerra»
3. el rey	**c.** hacia el cielo
4. cobarde	**d.** el contrario de «la verdad»
5. pararse	**e.** el contrario de «primero»
6. mayor	**f.** no andar más
7. siguiente	**g.** gran jefe de un país
8. la paz	**h.** el contrario de «menor»
9. arriba	**i.** lo que pasa después

B. Me doy cuenta de que... Escribe tres frases que empiezan con **Me doy cuenta de que...** Sigue el modelo.

> Mi amigo Pedro perdió su perro. Él está triste.
> Me doy cuenta de que él está triste.

1. Llegué tarde a casa y no llamé a mis padres. Ellos están enojados.
2. Mi prima Alicia ganó la lotería. Ella está contenta.
3. Hace cinco horas que mis amigos no comen nada. Ellos tienen hambre.

C. Tus opiniones Contesta.

1. ¿Te das cuenta de lo que pasa actualmente en el mundo? Nombra una cosa.
2. ¿Le dijiste una mentira a alguien? ¿A quién? ¿Cuál fue la mentira?
3. ¿Quién es la persona mayor que conoces? ¿La menor?
4. ¿Cuál es la actitud general con respecto a los mayores en nuestra sociedad?
5. ¿Qué les prometes a tus amigos?
6. ¿Qué característica no puedes aguantar en otra persona?
7. ¿Qué debemos hacer para tener un mundo mejor?
8. ¿Quién es tu héroe? ¿Por qué?

El último rey azteca

Al día siguiente, bajo el mismo sol brillante que los aztecas adoraban, los Jiménez deciden explorar la Ciudad de México. Andan por el centro de la ciudad cuando todos se paran y miran hacia arriba. Allí, encima de una columna, hay una estatua. La estatua es de un joven azteca tan guapo y tan noble que a Viviana *se le quita el aliento*. Es Cuauhtémoc, el último rey azteca. Los ojos de Viviana brillan al mirarlo, y brilla también el anillo. Viviana se encuentra en la plaza del viejo Tenochtitlán, sentada en un banco, *frente a frente* con el joven guapo de la estatua.

se le quita el aliento *he takes her breath away*

frente a frente cara a cara

Viviana está tan impresionada que, por una vez en la vida, no puede hablar. El azteca empieza a hablar en una voz *profunda* y llena de pasión.

profunda *deep*

—Soy Cuauhtémoc, el último rey de los aztecas. Mi nombre significa *Águila Caída*. Mi vida está llena de honor pero de pena también. Soy el primo del rey azteca Moctezuma. Como todos los aztecas, yo siempre respetaba a los mayores y a los líderes de nuestra gente. Pero en 1519 ocurrió algo que cambió nuestro mundo para siempre. Ese año llegaron los españoles y su jefe, Hernán Cortés. Cuando los vi por primera vez me di cuenta de que llegaron para destruir a mi gente. Supe que venían por oro. Pero mi primo no vio la verdad. Moctezuma creía un viejo mito. Según este mito, el dios Quetzalcoatl, en exilio por muchos siglos, iba a volver en ese momento. Cuando vio a los españoles, hombres muy diferentes y raros a nuestros ojos, Moctezuma creyó que Cortés era Quetzalcoatl. Creyó que este dios volvió para ser nuestro rey supremo. Así mi primo aceptó a los españoles como dioses, les ofreció regalos y los invitó a entrar en su palacio. Después, cuando los españoles nos atacaron durante una ceremonia religiosa, Moctezuma no luchó como buen guerrero. Parece que él perdió su *ánimo* y su valentía porque creía en el mito de Quetzalcoatl y en varios otros *presagios* del fin de nuestro mundo. Por eso los españoles

Águila Caída *Falling Eagle*

ánimo *spirit, will*

presagios *omens*

pudieron *tomar preso* a Moctezuma. Un día Moctezuma le habló a nuestra gente, y les dijo que no debían luchar más. Yo no podía aguantarlo. Tuve que decir algo, hacer algo. Empecé a gritar. Dije que mi primo ya no merecía nuestro respeto. Merecía un castigo por no defendernos contra los *conquistadores* españoles. Lo llamé cobarde y lo *herí* con una *flecha*. Otros hombres le tiraron piedras. Por fin mi gente se dio cuenta de que Moctezuma no merecía ser rey. Algunos dicen que Moctezuma murió a causa de las *heridas* de la flecha y las piedras, que sus propios hombres lo mataron. Según otros, los españoles fueron los responsables de su muerte. Nadie sabe por seguro. Los aztecas eligieron al hermano menor de Moctezuma para ser rey. Pero después de sólo ochenta días el nuevo rey se murió. Él estaba enfermo con una de las enfermedades que los españoles trajeron a nuestra tierra. Entonces yo llegué a ser rey. Prometí luchar contra nuestro enemigo hasta la última *gota* de sangre. Así lo hice. Cuando Cortés me mandó un *mensaje* y me dijo que quería la paz y que amaba a mi gente, al pueblo azteca, me di cuenta de que era una mentira. Luchamos con gran valentía. Pero los españoles *bloquearon* Tenochtitlán. No teníamos agua limpia para beber. No teníamos comida. Estábamos enfermos y débiles. Los españoles tenían armas superiores, muchos barcos y la ayuda de nuestros enemigos. Mataron a un gran número de mi gente y destruyeron gran parte de nuestra ciudad. Por fin me tomaron preso. *Le pedí a Cortés que me matara*, pero no lo hizo en aquel momento. Después sus hombres me *torturaron* porque creían que yo sabía donde había un *tesoro*. Cortés me mató unos años después. Actualmente los mexicanos me honran como símbolo de la valentía de nuestra gente, la gente azteca, los *antepasados* de muchos mexicanos de hoy. Llegué a ser un héroe nacional.

tomar preso *to take prisioner*
conquistadores *conquerors*
herí *I wounded*
flecha *arrow*
heridas *wounds*
gota *drop*
mensaje *message*
bloquearon *blockaded*
Le pedí a Cortés que me matara *I asked Cortés to kill me*
torturaron *tortured*
tesoro *treasure*
antepasados *ancestors*

Ejercicios de comprensión

A. Los líderes aztecas Selecciona la respuesta correcta para completar la frase.

1. En la opinión de Cuauhtémoc, el mundo de los aztecas cambió cuando ____.
   a. salió Quetzalcoatl
   b. volvió Quetzalcoatl
   c. perdieron su valentía
   d. llegaron los españoles

2. Cuando Moctezuma vio a Cortés por primera vez, creyó que era ____.
   a. un dios
   b. un enemigo
   c. el rey de otro país
   d. su primo

3. Por fin Moctezuma les dijo a los aztecas que debían ____.
   a. aceptar a los españoles
   b. luchar contra los españoles
   c. adorar a los españoles como nuevos dioses
   d. escapar de los españoles

4. En la opinión de Cuauhtémoc, Moctezuma es ____.
   a. un gran héroe
   b. un cobarde
   c. un dios
   d. un buen guerrero

5. Cuauhtémoc murió ____.
   a. como preso *(prisioner)* de Cortés
   b. en la guerra contra los españoles
   c. de una enfermedad
   d. como un sacrificio humano a los dioses

B. ¿Verdadero o falso? Si la frase es verdadera, di que sí. Si es falsa, corrígela.

1. Cuauhtémoc es el hermano de Moctezuma.
2. Los españoles llegaron para ayudar a los aztecas.

3. Los aztecas creían que Quetzalcoatl era un dios que iba a volver algún día.
4. Cuando llegaron los españoles, Moctezuma empezó a luchar contra ellos rápidamente.
5. Cuauhtémoc influyó (*influenced*) a los aztecas contra Moctezuma.
6. Cuauhtémoc quería hacer la paz con los españoles.
7. Hoy los mexicanos honran a Cortés como un héroe.

Diálogo

Escribe un diálogo entre Moctezuma y Cuauhtémoc. Cuauhtémoc acusa a Moctezuma de ser cobarde. Moctezuma trata de explicar sus acciones. Con un(a) compañero(a) de clase, presenta tu diálogo a la clase.

Composición

En el Capítulo 2, leíste el mito de los cuatro soles, el mito de la creación de los aztecas y el mito de Coyolxauhqui y sus cuatrocientos hermanos. En el Capítulo 4, leíste del mito de Quetzalcoatl, el dios en exilio que iba a volver algún día. Ahora escribe tu propio mito. Puede ser un mito de creación o un mito que explica algún aspecto de la vida. Las posibilidades pueden incluir una explicación de uno de los siguientes temas.

- la creación del hombre y de la mujer
- por qué los hombres pueden hablar y los animales no pueden hablar
- por qué el perro es gran amigo del ser humano
- la creación del fuego
- las características de cierto animal (el cuello *[neck]* largo de la girafa, el canto *[song]* bonito del pájaro, etc.)
- la existencia de lo bueno y lo malo *(good and evil)*

Capítulo 5

La Malinche

VOCABULARIO

SUSTANTIVOS

la desilusión *disappointment*
la edad *age*
el/la traidor(a) *traitor*

VERBOS

imaginarse *to imagine*
llorar *to cry*
pasar *to spend (time); to happen*

ADJETIVOS

bobo(a) tonto; *silly*
desilusionado(a) *disappointed*
injusto(a) *unfair, unjust*
próximo(a) *next*

EXPRESIONES ÚTILES

estar de acuerdo tener la misma opinión; *to agree*
llevarse bien con *to get along well with*
según en la opinión de; *according to*

Ejercicios de vocabulario

A. Pareo Escribe la letra de la palabra que corresponde.

1. la edad	**a.** ocurrir
2. llevarse bien	**b.** lo que haces cuando estás triste
3. el traidor	**c.** el número de años que una persona tiene
4. llorar	**d.** el contrario de «inteligente»
5. pasar	**e.** el contrario de «un héroe»
6. próximo	**f.** el contrario de «luchar»
7. bobo	**g.** que viene después

B. Tus opiniones Contesta.

1. ¿Quién es un(a) traidor(a) famoso(a) en la historia norteamericana?
2. ¿Con quién te llevas bien? ¿Por qué?
3. ¿A veces te parece injusta la vida? ¿Por qué?
4. ¿Quién debe ser el próximo presidente de los EE.UU.?
5. ¿Cuándo lloras? Habla de algo que te hace llorar.
6. ¿Estás de acuerdo con todas las opiniones políticas de tus amigos?
7. Describe una cosa muy boba que hiciste una vez.

La Malinche

Vámonos, boba. ¿Quieres pasar todo el día frente a esta estatua?

Viviana se da cuenta de que Daniel *le tira del brazo.* La familia está lista para irse y su visita a Cuauhtémoc ha terminado. Suben un autobús que va hacia el sur de la Ciudad de México.

le tira el brazo *is tugging on her arm*

—¿Adónde vamos, papi?— pregunta Viviana.

—Vamos a visitar la casa de la mujer más famosa y más controversial de toda la historia de México.

—¿Quién es?

—Según algunos mexicanos, es una gran heroína—una mujer noble, de gran valentía. Según otros, es la gran traidora de su pueblo: la mujer azteca que ayudó a Cortés a *conquistar* México y

conquistar *to conquer*

destruir a los aztecas. Ella era una princesa azteca que vivió entre 1500 y 1528, más o menos.

—¿Cómo se llama, papi?— pregunta Daniel.

—Tiene varios nombres. Nació con el nombre azteca de Malinali. Cuando se convirtió al catolicismo, se llamó doña Marina. Recibió el nombre de Malinche porque los aztecas no podían pronunciar «Marina».

En este momento el autobús llega a la Plaza de la Concepción y los Jiménez bajan allí. Cruzan la calle y se encuentran enfrente de La Casa Colorada: una casa roja, la casa donde, hace mucho tiempo, vivía La Malinche. Pero, ¡qué desilusión! La casa está cerrada; no se puede entrar. Desilusionados, los Jiménez empiezan a cruzar la calle para almorzar en la plaza. Pero Viviana se para frente a la casa.

—Me quedo aquí un momento— les dice.

Como ustedes ya pueden imaginarse, el anillo de

Viviana empieza a brillar otra vez, y Viviana se encuentra dentro de la casa roja, la casa de La Malinche. Está cara a cara con una mujer joven, alta y muy bonita. Es La Malinche.

—¡Qué gran placer conocerla, doña Marina!— dice Viviana.

—Puedes *tutearme*— dice la mujer.— Y, por favor, llámame Malinche, el nombre más usado por mi gente, el pueblo mexicano. Malinali es el nombre que mis padres me dieron. Nací en el pueblo azteca de Painala, donde mi padre era el rey, el líder de su gente. Soy una princesa azteca. Cuando nací muchacha, fue una desilusión para mi madre y para muchas personas que querían un *varón* para ser el próximo rey. Pero mi padre me amaba desde el principio. Cuando era muy pequeña, no me gustaba quedarme en casa con mi madre, *tejiendo*, como las otras niñas de mi edad. Tenía ganas de explorar el mundo afuera de la casa. Painala, situada en el río Coatzacoalcos, era un gran puerto, un centro de comercio. Me gustaba ir al río con mi padre a ver los barcos que llegaban de todas partes. Me encantaba hablar con los *marineros* y los *comerciantes* y oír de otros lugares y otras culturas. Me gustaba oír y aprender otras lenguas. Para mí era muy fácil aprender otras lenguas. Además de mi propia lengua, Nahuatl, la lengua de los aztecas, también aprendí la lengua de los mayas. Mi padre siempre me hablaba de nuestro pueblo y de nuestro mundo *como si fuera* un muchacho. Era una niña muy feliz.

—¡Qué sexista es tu sociedad! ¡Qué injusta!— dice Viviana.— Tratan muy diferente a los chicos y a las chicas.

—Seguro que sí. Los chicos estudian un poco de nuestra historia, y tienen que prepararse para luchar en las guerras. Las chicas aprenden a *tejer* y a hacer otras cosas domésticas. Yo tuve mucha suerte. Mi padre me trataba como muchacho. Aprendí mucho de él. Me preparaba para gobernar a nuestro pueblo, *aunque* yo era una muchacha. Mi padre era diferente.

tutearme usar «tú» en vez de «usted»

varón *male*

tejiendo *spinning, weaving*

marineros *sailors*

comerciantes *merchants*

como si fuera *as if I were*

tejer *to weave*

aunque *although*

Mi madre y nuestra sociedad no estaban de acuerdo con las ideas de mi padre. Y de este «sexismo», como tú lo llamas, resultaron mis problemas. Nunca me llevé bien con mi madre. Según ella, una buena hija debe quedarse en casa. No debe pasar horas en el puerto con su padre. No debe aprender otras lenguas. A mi madre no le gustaba mi independencia. Cuando yo tenía once años, la peor cosa pasó: mi querido padre se murió. En menos de un año, mi madre se casó otra vez y tuvo un hijo con el nuevo esposo. Según mi madre, ese hijo tenía que ser el próximo líder de nuestro pueblo. Ella me consideró una *amenaza* para sus planes y ambiciones para su hijo. Por eso, ella, mi propia madre, hizo una cosa terrible. ¡No puedes imaginarte!

amenaza *threat*

—¿Qué hizo?— pregunta Viviana.

Pero la pobre Malinche empieza a llorar y no puede hablar por unos momentos. Viviana tiene que esperar. Quiere oír lo que pasa después.

Ejercicios de comprensión

A. La Malinche Selecciona la mejor respuesta para completar la frase.

1. Malinche era una joven ____.
   - **a.** muy tradicional
   - **b.** con sus propias ideas
   - **c.** de una familia pobre
   - **d.** muy enojada

2. Malinche y su madre ____.
   - **a.** se querían mucho
   - **b.** estaban de acuerdo en todo
   - **c.** no se llevaban bien
   - **d.** hablaban varias lenguas

3. En el puerto a Malinche le gustaba ____.
   - **a.** ir de compras
   - **b.** ver los grandes barcos
   - **c.** jugar con otros niños
   - **d.** conocer a gente de otros lugares

4. Según su padre, Malinche debe ____.
   a. ser una buena esposa
   b. luchar en las guerras
   c. ser líder del pueblo algún día
   d. casarse muy joven

5. Malinche llora porque piensa en ____.
   a. el sexismo de su sociedad
   b. algo muy cruel que su madre hizo
   c. los problemas de su pueblo
   d. los problemas de Viviana

B. ¿Verdadero o falso? Si la frase es verdadera, di que sí. Si es falsa, corrígela.

1. Los Jiménez entran en la casa de La Malinche.
2. Malinche es el nombre que sus padres le dieron.
3. Malinche se llevaba bien con su padre.
4. A Malinche le gustaba tejer *(to weave)* con su madre.
5. A Malinche le gustaba ir al río para ir de compras.
6. El padre de Malinche se murió cuando ella era muy joven.

Diálogo

Con un(a) compañero(a) de clase, prepara un diálogo entre Malinche y su padre o su madre. Puedes incluir las opiniones sobre los papeles *(roles)* y estereotipos de los hombres y las mujeres en la sociedad azteca. Presenta tu diálogo a la clase.

Composición

Según Viviana, la sociedad azteca es injusta porque es sexista. En tu opinión, ¿es injusta nuestra sociedad? ¿Cómo es justa o injusta? Explica. Puedes hablar de los derechos *(rights)* de mujeres, hombres, jóvenes, viejos, otros grupos. También puedes incluir el tratamiento *(treatment)* de los pobres o de los enfermos. Escribe tu respuesta en forma de una composición.

Capítulo 6

Las aventuras de la Princesa Malinche

VOCABULARIO

SUSTANTIVOS

el alma *(f)* espíritu; *soul*
el/la malvado(a) una persona muy mala; *villain*
la piel lo que cubre el cuerpo; *skin*
el vicio un defecto; una característica mala; *vice*

VERBOS

enamorarse de *to fall in love with*
evitar *to avoid*
importar *to be important; to matter*
juzgar *to judge*

ADJETIVOS

débil *weak*
extranjero(a) una persona de otro lugar, de otro país; *stranger*
extraño(a) raro(a); *strange*
fuerte el contrario de «débil»

EXPRESIONES ÚTILES

tal vez posiblemente; *maybe, perhaps*
tener miedo de *to be afraid of*
volverse loco(a) *to go crazy*

Ejercicios de vocabulario

A. Pareo Escribe la letra de la palabra que corresponde.

1. tal vez	**a.** hacer cosas muy raras
2. el vicio	**b.** el aspecto espiritual
3. el extranjero	**c.** sentir amor
4. juzgar	**d.** el contrario de «débil»
5. la piel	**e.** no por seguro
6. volverse loco	**f.** formar una opinión
7. el malvado	**g.** una parte del cuerpo humano
8. enamorarse	**h.** una persona de otro país
9. el alma	**i.** el contrario de «un héroe»
10. fuerte	**j.** una mala costumbre

B. Tus opiniones Contesta.

1. ¿Crees que todos tenemos un alma eterna?
2. ¿Quién es un malvado muy famoso en la literatura o en las películas?
3. ¿Quién es un personaje *(character)* muy extraño en una película o en un libro?
4. ¿De qué tienes miedo?
5. ¿Cómo juzgamos a otras personas? (¿la apariencia? ¿el dinero? ¿a qué universidad asiste?) ¿O es que no debemos juzgarlas?
6. ¿Quiénes son algunos héroes importantes de nuestra cultura popular?
7. Nombra un problema que tratas de evitar.

C. ¿Qué te importa? Completa las frases que siguen según los modelos.

> Al azteca le importan *sus dioses.*
> Al azteca le importa *la guerra.*

1. Me importa ____.
2. Me importan ____.
3. A mis padres les importa ____.
4. Al Sr. Scrooge le importa ____.
5. A los conquistadores españoles les importaba ____.

Las aventuras de la Princesa Malinche

Por fin Malinche puede hablar y sigue con su historia.

—No vas a creerlo,— dice Malinche,— pero mi madre me vendió como *esclava*. Me vendió a unos hombres que me llevaron a Tabasco, un lugar muy lejos de mi pueblo. Si yo no volvía nunca a Painala, mi hermanito podía ser el rey del pueblo. En Tabasco serví varios años como esclava. Entonces, cuando tenía diecinueve años, algo raro pasó. Unos hombres muy extraños llegaron al pueblo. Tenían la piel muy blanca, *barba* y montaban caballos. La gente de Tabasco no se dio cuenta de que los hombres estaban separados de los caballos. Creían que el hombre y el caballo eran un dios grotesco—medio hombre, medio animal. La gente tenía mucho miedo. Esos hombres llegaron desde muy lejos y hablaban una lengua extraña. Vinieron para conquistar a la gente y para tomar tierra y oro.

esclava *slave*

barba pelo que crece en la cara; *beard*

—Me parece que estos extranjeros eran los españoles. Cuauhtémoc me habló de ellos. Su líder se llamaba Hernán Cortés. Era el malvado que torturó y mató al valiente Cuauhtémoc. Cortés era un monstruo— dice Viviana.

—No, no debes juzgarlo. Es verdad que Cortés hizo cosas terribles. Estoy de acuerdo contigo con respecto a Cuauhtémoc. Yo también reaccioné con horror a la tortura de Cuauhtémoc. Los españoles le *quemaron* los pies. Le dije a Cortés que no debía torturar a ese héroe. Pero Cortés tenía sus vicios, sus obsesiones. Estaba obsesionado con el oro. Creía que Cuauhtémoc sabía donde estaba el *tesoro* de Moctezuma. Los españoles vieron un montón de oro y piedras preciosas en el palacio de Moctezuma. Después de la muerte de Moctezuma, después de la conquista de Tenochtitlán, se volvieron locos tratando de encontrar ese tesoro. Nunca lo encontraron. Algunos *aún* creían que Cortés lo tenía y que lo guardaba para sí mismo. Pero sé que no era la verdad. Sé que Cortés no era capaz de tal deshonor.

quemaron *burned*

tesoro *treasure*

aún *even*

—Pareces conocer bien a Hernán Cortés. ¿Eras buena amiga suya?— pregunta Viviana.

—Cuando los españoles conquistaron Tabasco en 1519, la gente les dio regalos para hacer la paz. La gente de Tabasco le dio a Cortés veinte esclavas. Yo fui una de ellas. Tenía entonces la edad de diecinueve años. Tuve miedo cuando vi a Cortés por primera vez. Pero después me di cuenta de que irme con ese gran hombre era mejor que quedarme como esclava en Tabasco. Cortés me admiraba por mi inteligencia y mi belleza. Me trataba bien. Pronto aprendí el español y llegué a ser *traductora* para Cortés. Muchos dicen que él *no hubiera podido conquistar* a los aztecas sin mi ayuda.

—Pero los aztecas eran tu gente. Es por eso que muchos te llaman traidora. El «malinchismo» es sinónimo de la *traición*— le dice Viviana.

—Me doy cuenta de eso y lo entiendo. La verdad es que mi conflicto era enorme. Mi gente, el pueblo azteca, me importaba mucho. Me importaban mis tradiciones y mis antepasados. Pero me enamoré de Cortés cuando lo vi por primera vez. Un *cura* católico que viajaba con Cortés me convirtió a la religión católica. Me dio el nombre cristiano de doña Marina. (Así los aztecas, que no podían pronunciar la «r», me llamaban Malinche.) Creía en mi nueva religión. Tenía a mi viejo dios, Quetzalcoatl, y a Jesús en mi alma.

—Llegué a ser más y más importante para Cortés. Lo ayudé mucho en la conquista de Tenochtitlán. Me daba pena ver la muerte de tantas personas, pero creía en Cortés. Yo le importaba mucho y creía que él me quería. El día que descubrí que iba a tener un hijo suyo fue el día más feliz de mi vida. Pero mientras yo estaba *encinta*, Catalina, la esposa legítima de Cortés, llegó de Cuba. Cortés no estaba contento de verla. No la quería. Fue un matrimonio de conveniencia. Pero mientras Catalina vivió en el palacio con Cortés, tuve que vivir en la casa de un amigo de él, Juan de Jaramillo. Catalina, que era muy débil, se murió uno o dos días antes del nacimiento de mi bebé. Algunos creían que Cortés la mató, pero yo creo que ella no era muy fuerte y que se murió de una enfermedad. Entonces Cortés y yo tuvimos un hijo, llamado Martín, en honor al padre de Cortés.

traductora *translator*
no hubiera podido conquistar *would not have been able to conquer*
traición *treason; betrayal*
cura *priest*
encinta *pregnant*

Pero Cortés no se casó conmigo. Después me di cuenta de que Cortés quería casarse con una mujer con influencia en la corte española. Para evitar más *escándalo,* Cortés arregló mi matrimonio con su amigo, Juan de Jaramillo. Cortés se llevó a nuestro hijo Martín a vivir con él. A la edad de veintiocho años, me quedé enferma y desilusionada.

escándalo *scandal*

Viviana, pensando en la tristeza de la voz de Malinche, no puede decir nada. Ahora sus padres la llaman y tiene que irse.

—¿Heroína o traidora?— se pregunta Viviana.—Tal vez las dos.

Ejercicios de comprensión

A. Malinche y Cortés Selecciona la mejor respuesta para completar la frase.

1. La madre de Malinche ____.
   - **a.** la vendió a Cortés
   - **b.** la hizo una esclava
   - **c.** la hizo líder del pueblo
   - **d.** la quería mucho

2. Parece que la gente de Tabasco ____.
   - **a.** no era muy religiosa
   - **b.** quería ser cristiana
   - **c.** nunca vio un caballo antes de la llegada *(arrival)* de los españoles
   - **d.** no tenía miedo de los españoles

3. A Cortés le importaba mucho ____.
   - **a.** el sufrimiento de Cuauhtémoc
   - **b.** el amor de Malinche
   - **c.** la religión de los aztecas
   - **d.** llegar a ser rico

4. Malinche ayudó a Cortés por ____.
   - **a.** amor
   - **b.** dinero
   - **c.** fuerza (*force*)
   - **d.** compasión

5. Tal vez Cortés no se casó con Malinche porque ____.
   a. buscaba una mujer con conexiones políticas
   b. quería más a Catalina
   c. no quería hijos
   d. tenía ganas de viajar

B. ¿Verdadero o falso? Si la frase es verdadera, di que sí. Si es falsa, corrígela.

1. La madre de Malinche la mató.
2. Los líderes de Tabasco les dieron a Malinche a los españoles.
3. Malinche estaba de acuerdo con Cortés sobre la necesidad de torturar a Cuauhtémoc.
4. Los españoles nunca encontraron el tesoro de Moctezuma.
5. Cortés se enamoró de Catalina.
6. Al fin de su vida Malinche era feliz.

Diálogo

Con un(a) compañero(a) de clase, prepara y presenta un diálogo sobre uno de los siguientes temas.

- Malinche y Cortés sobre la tortura de Cuauhtémoc
- Malinche y Cortés después del nacimiento de Martín
- Cortés y una feminista moderna
- Malinche y Cuauhtémoc sobre Cortés
- Tú y Malinche: una entrevista *(interview)*

Composición

¿Qué piensas tú de Malinche? ¿Es traidora? ¿Heroína? ¿Víctima? Escribe tu reacción personal a esta figura controversial.

Capítulo 7

Frida y Diego

VOCABULARIO

SUSTANTIVOS

los apuros los problemas, las dificultades
la costumbre *habit; custom*
el cuadro *painting, picture*
el daño *harm; injury*
la empanada *meat pie*

VERBOS

charlar hablar informalmente; *to chat*
chocar con *to collide with; to crash into*
disfrutar de *to enjoy*
durar *to last; to endure*
juntarse *to join*

ADJETIVOS

bello(a) bonito(a)
cariñoso(a) *affectionate*

Ejercicios de vocabulario

A. Crucigrama Llena el crucigrama.

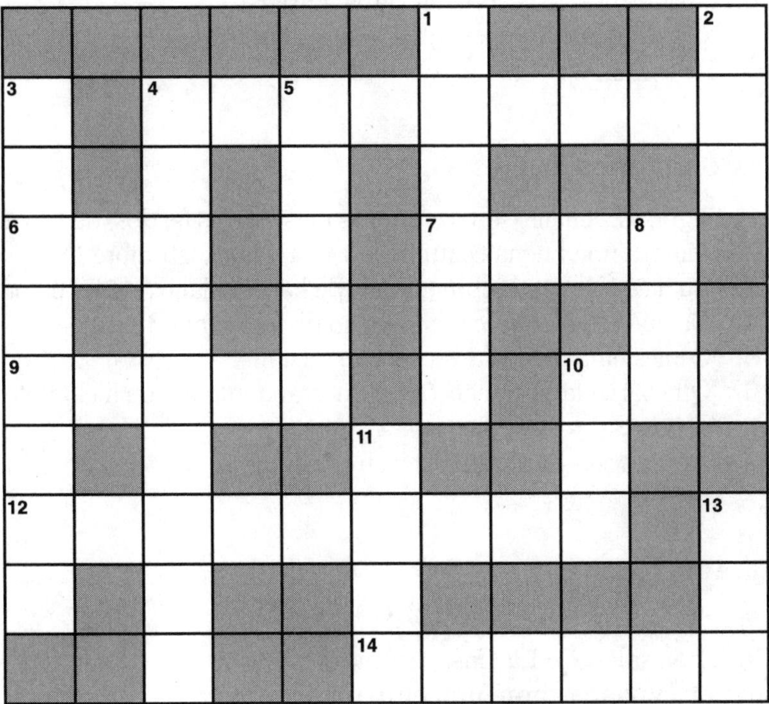

**Las respuestas no están limitadas al vocabulario de este capítulo.*

HORIZONTAL

4. Viviana tiene la ____ de charlar con estatuas; lo hace con frecuencia.
6. ____ fin el héroe mató al malvado.
7. Los hombres sufrieron mucho ____ durante la guerra.
9. Daniel va a jugar con unos ____ en el parque.
10. En el futuro yo ____ a estudiar más de la historia de México.
12. Los Jiménez ____ mucho de sus vacaciones en México.
14. La vida de Frida Kahlo estaba llena de ____ pero ella tenía gran alegría también.

VERTICAL

1. Mi ____ favorito está en el Museo de Arte Moderno.
2. Cuauhtémoc llegó a ____ rey de los aztecas.
3. La ____ es una comida típica de México

4. Mis padres me quieren y son muy ____ conmigo.
5. Ahora tú ____ mucho de la historia de los aztecas.
8. El ____ es un metal precioso.
10. Los Jiménez ____ a visitar otros museos.
11. Normalmente una película ____ dos horas.
13. Tú le ____ un regalo a tu amigo.

B. Tus opiniones Contesta.

1. Según tú, ¿cuáles son los apuros más graves (serios) de tu vida?
2. Nombra una buena costumbre y una mala costumbre.
3. ¿Cuál es una costumbre que puede hacerle daño a una persona?
4. ¿De qué estación *(season)* del año disfrutas más?
5. ¿Comes empanadas a veces? ¿Te gustan?
6. ¿Qué barco famoso chocó con un gran témpano de hielo flotante *(iceberg)?*
7. ¿Adónde vas para juntarte con tus amigos?

Frida y Diego

Los Jiménez salen de La Casa Colorada. Mientras caminan, Viviana come una empanada muy rica que sus padres le compraron a un vendedor en la Plaza de la Conchita. Al otro lado de la plaza entran en un jardín muy bello. Es el Jardín de Frida Kahlo. Una estatua de una mujer de gran dignidad le llama la atención a Viviana. Daniel ya está harto de las costumbres de su hermana.

—¡Otra vez fascinada por una estatua! Me imagino que va a pasar otro siglo aquí. ¡Qué soñadora, mi hermana la boba!— dice Daniel.

—*Sobre gustos no hay nada escrito*— dice la Sra. Jiménez.— Hay que respetar los intereses de tu hermana. Allá hay unos chicos de tu edad que juegan a la pelota. ¿Por qué no juegas con ellos?

Sobre gustos no hay nada escrito. *There's no disputing tastes; To each his own.*

Así Daniel va a juntarse con el grupo de niños y el Dr. y la Sra. Jiménez se sientan en un banco para charlar. Viviana, con la ayuda de su anillo mágico, empieza una conversación con la mujer de la estatua.

—Usted es Frida Kahlo, la gran artista mexicana— dice Viviana.— Estudié sus cuadros en mi clase de arte moderno. Me encanta el cuadro que usted pintó de sí misma con el *mono*.

mono *monkey*

—Me gustan los monos. Son vivos y cariñosos— contesta Frida Kahlo.

—El cuadro de usted con su esposo, Diego Rivera, me parece lleno de amor— dice Viviana.

—Eres una niña muy observadora. Pinté ese cuadro dos años después de que me casé con Diego. Estaba locamente enamorada de él. Lo quería más que a mí misma. Diego y mi arte eran las dos grandes pasiones de mi vida. El amor entre Diego y yo podía *sobrevivir* todos los apuros de nuestras vidas.

sobrevivir *to survive*

—Si usted me permite preguntar, ¿qué apuros?— pregunta Viviana, fascinada.

—Pues, sabes que mi Diego era un gran artista.

Pintó murales muy famosos por todo el mundo. Debes ver sus famosos murales que enseñan la historia de México. Están en el Palacio Nacional. Mi querido Diego era un gran artista pero también un gran *mujeriego*. Me dio mucha pena con las otras mujeres en su vida. Una vez nos divorciamos, pero el divorcio sólo duró un año, porque la verdad es que no podíamos vivir separados. Me di cuenta de que Diego siempre me amaba, *a pesar de* sus vicios.

—¿Es verdad que una vez usted *le salvó la vida*?— pregunta Viviana.

—Sí. Diego y yo estábamos comiendo en el restaurante Acapulco en la Ciudad de México. Entraron unos hombres que querían matar a mi Diego. (Mi esposo tenía muchos enemigos.) Sin darme cuenta de lo que hacía, me tiré entre Diego y los *pistoleros*. *Hubo tanto alboroto* que los hombres se fueron sin matar a nadie.

—¡Qué valiente!— dice Viviana

—O boba o enamorada— dice Frida Kahlo.

—¿Qué otros apuros sufría?

—Mis otros apuros eran problemas físicos. Cuando tenía seis años, pasé nueve meses en cama con la polio. Después, a la edad de diecisiete años, yo estaba en un autobús que chocó con un tren. Los daños que sufrí a la *espina*, la pierna y el pie resultaron en problemas para toda mi vida. Pero fue en el hospital después del accidente que empecé a pintar. *No hay mal que por bien no venga.*

—¡Qué vida más dura!— dice Viviana.

—No, niña. Mi fuerza vital y mi amor por la vida eran más fuertes que los apuros. Tenía mis pasiones, trabajo que me gratificaba, el amor—todas las cosas que me importaban más. Disfruté de la vida hasta el último momento.

—¡Qué filosofía excelente! ¡Usted es una mujer increíble!— dice Viviana, llena de admiración.

mujeriego *womanizer*

a pesar de *in spite of*

le salvó la vida *saved his life*

pistoleros hombres con pistolas

hubo tanto alboroto *there was such a fuss*

espina *spine, backbone*

No hay mal que por bien no venga. *There is no evil that does not bring some good; Every cloud has a silver lining.*

Ejercicios de comprensión

A. Una conversación con Frida Selecciona la mejor respuesta para completar la frase.

1. La frase «Sobre gustos no hay nada escrito» significa que ____.
   - **a.** alguien debe escribir un libro sobre los gustos *(tastes)* individuales
   - **b.** a cada persona le gustan cosas diferentes
   - **c.** todos deben tener los mismos intereses
   - **d.** Daniel debe disfrutar la cultura como Viviana

2. Viviana estudió a Frida Kahlo en su clase de ____.
   - **a.** historia
   - **b.** literatura
   - **c.** arte
   - **d.** ciencia

3. Los apuros en la vida de Frida Kahlo incluían problemas ____.
   - **a.** económicos y físicos
   - **b.** psicológicos y económicos
   - **c.** físicos y matrimoniales
   - **d.** artísticos y políticos

4. Frida empezó a pintar después de ____.
   - **a.** sufrir daños severos en un accidente
   - **b.** casarse con Diego Rivera
   - **c.** divorciarse de Diego Rivera
   - **d.** darse cuenta de que sufría de polio

5. La frase «No hay mal que por bien no venga» es una expresión ____.
   - **a.** optimista
   - **b.** pesimista
   - **c.** enojada
   - **d.** de amor

6. Las cosas que le importaban más a Frida Kahlo incluyen todos MENOS ____
   - **a.** el amor
   - **b.** el arte
   - **c.** el dinero
   - **d.** su relación con Diego

B. ¿Verdadero o falso? Si la frase es verdadera, di que sí. Si es falsa, corríjela.

1. Daniel parece impaciente con su hermana.
2. Las dos grandes pasiones de Frida Kahlo son su esposo y su hijo.
3. El matrimonio entre Frida Kahlo y Diego Rivera era perfecto.
4. Por lo general, Frida estaba segura del amor de su esposo.
5. Un día unos hombres trataron de matar a Frida.

Diálogo

Con un(a) compañero(a) de clase, prepara y presenta una entrevista con un(a) gran artista o escritor(a). Puede ser un(a) artista o escritor(a) real o inventado(a). Puedes hacerle preguntas sobre su vida y su arte.

Composición

A. Viviana admira a Frida Kahlo por su filosofía muy positiva de la vida. Escribe una composición sobre tu propia filosofía de la vida. ¿Qué te importa? ¿Por qué?

B. Escribe una composición sobre alguien a quien admiras mucho. Explica por qué admiras a esa persona.

Capítulo 8

Los Niños Héroes

VOCABULARIO

SUSTANTIVOS

el acontecimiento *event*
la bandera *flag*
el lado *side;* **(lado a lado** *side by side)*
la libertad *liberty, freedom*
la patria el país; *country, homeland*
el propósito *purpose*
la tierra *land, earth* **(la Tierra** *the Earth)*

VERBOS

divertirse (ie, i) *to have a good time, to have fun*
eliminar *to eliminate*
olvidarse de *to forget*
recordar (ue) *to remember*

ADJETIVOS

divertido(a) *enjoyable; funny*

EXPRESIONES ÚTILES

tener suerte *to be lucky*

Ejercicios de vocabulario

A. Pareo Escribe la letra de la palabra que corresponde.

1. la patria	**a.** ganar la lotería
2. recordar	**b.** destruir o no incluir
3. el propósito	**c.** algo que pasa, un evento
4. divertirse	**d.** la independencia
5. tener suerte	**e.** nuestro planeta
6. el acontecimiento	**f.** el país donde naciste
7. el lado	**g.** tu meta *(goal)*, lo que quieres hacer
8. eliminar	**h.** el contrario de «olvidarse»
9. la libertad	**i.** disfrutar de una fiesta
10. la Tierra	**j.** a la derecha *(right)* o a la izquierda *(left)*

B. Tus opiniones Contesta.

1. ¿Cuál es un propósito importante en tu vida?
2. ¿Cuál es tu patria? ¿Cuál es la patria de tus abuelos?
3. ¿A veces te olvidas de algo importante? ¿De qué te olvidas?
4. ¿Cuándo te diviertes mucho?
5. En la clase, ¿siempre te sientas al lado de tu amigo(a)?
6. Nombra un acontecimiento histórico muy importante.
7. En tu opinión, ¿cuál es la película más divertida de este año?
8. ¿Qué podemos hacer para mejorar la condición de la Tierra?
9. ¿Qué recuerdas de tu niñez (cuando eras muy joven)? ¿Qué acontecimiento infantil puedes recordar?
10. ¿Cuáles son los colores de la bandera de los Estados Unidos?

Los Niños Héroes

—¡Estoy harto de estatuas y museos! ¡Basta ya!— dice Daniel, mientras la familia desayuna en el hotel el día siguiente. —¿No hay parques en México? ¿No hay lugares más divertidos?

—Ah, ¡qué suerte tienes, hijo!— dice el Dr. Jiménez. Hoy vamos a pasar todo el día en el parque más popular de la Ciudad de México: el *Bosque* de Chapultepec. Vamos a divertirnos mucho.

Parece que el Dr. Jiménez y Daniel no están de acuerdo sobre qué significa «divertirse». Para el Dr.

bosque donde hay muchos árboles; *forest*

Jiménez, ¡aprender es divertirse! Así durante el viaje por metro a Chapultepec, el padre les explica a sus hijos un poco de la historia de México. Él les dice que después de que Cortés *triunfó* sobre los aztecas en 1520, México quedó en manos españolas por tres siglos. El sistema español no era muy justo con los mexicanos, y el 15 de septiembre de 1810, el Padre Miguel Hidalgo y Costilla, un *cura* del pueblo de Dolores, no pudo aguantar más. Llamó a los indios y *mestizos* a la iglesia y les dijo que tenían que luchar por la independencia. El Padre Hidalgo les habló de la libertad con gran pasión. Las palabras fuertes de este cura valiente se llaman «el grito de Dolores». Hoy, cada 15 de septiembre, el presidente de México *toca una campana* y repite el «grito de Dolores» para recordar el principio de la lucha por la independencia. La gente mexicana no se olvida de la valentía del Padre Hidalgo.

triunfó *triumphed*

cura líder religioso; *priest*

mestizos *people of mixed Indian and European ancestry*

toca una campana *rings a bell*

Justo cuando el Dr. Jiménez terminó la historia del Padre Hidalgo, el tren se paró y la familia bajó cerca del Bosque de Chapultepec. A la entrada del parque hay un gran monumento de seis columnas. Se llama el Monumento a los Niños Héroes. El anillo de Viviana brilla y ella se encuentra dentro de un colegio militar con seis muchachos, vestidos de uniformes militares.

—Para soldados, ustedes parecen muy jóvenes— les dice Viviana.

—Tenemos la edad suficiente para morir por nuestra patria— dice uno de los chicos.

—No quise ofenderles— dice Viviana.— ¿Lucharon ustedes en una guerra?

—Sí. Luchamos en la guerra entre México y los Estados Unidos. Entre 1846 y 1848 hubo una guerra entre los dos países sobre algunos territorios, incluso Texas. Las tropas *estadounidenses*, bajo el general Winfield Scott, atacaron nuestra tierra. Otros alumnos y nosotros estudiábamos aquí en el Colegio Militar, luchábamos lado a lado con los soldados mexicanos. Defendíamos el Castillo de Chapultepec, donde estaba nuestro colegio. Los hombres de Scott mataron a muchos soldados

estadounidenses de los Estados Unidos

mexicanos y empezaron a ganar la batalla. Pero nosotros, los alumnos, no íbamos a *rendirnos*. Luchamos hasta que sólo quedamos nosotros seis. Éramos pocos, pero nuestros enemigos pagaron con su sangre por cada *centímetro* de territorio mexicano que tomaron. Defendimos el *Cerro* de Chapultepec como el azteca Cuauhtémoc la defendió contra los españoles *hacía tres siglos*. En aquella batalla, cuando era obvio que los españoles iban a ganar, muchos guerreros aztecas se tiraron del cerro. Preferían la muerte antes de caer en manos de los enemigos. Nosotros seis hicimos la misma decisión. Cuando los soldados estadounidenses estaban *a punto de* tomar el colegio, nos dimos cuenta de que era nuestra hora. Subimos a la colina. *Nos envolvimos* en nuestra bandera mexicana y gritamos «¡Viva México!» Dedicamos nuestras almas a Dios y a México y nos tiramos desde la *escarpa*. Morimos en defensa de nuesta patria, y estamos *enterrados* aquí, bajo este monumento. Nuestra patria no nos olvida. Hay muchos monumentos y muchas calles nombradas en nuestro honor. Cada año, el 13 de septiembre, hay ceremonias para recordarnos, para honrar nuestra valentía.

—¡Tan jóvenes para morirse!— dice Viviana, luchando por no llorar. Ella piensa en todos los acontecimientos de la vida que esos jóvenes no iban a disfrutar. Piensa en la tragedia de morir tan joven. Piensa en su propio hermano. Esos muchachos eran sólo unos años mayores que Daniel. En este momento Viviana decide algo muy importante. Decide qué va a hacer en el futuro. Va a dedicar su vida a eliminar las guerras. No sabe exactamente cómo va a hacerlo. Sólo sabe que *borrar* la guerra de la *faz* de la Tierra va a ser el propósito de su vida.

rendirnos *to give up*
centímetro *centimeter*
cerro *hill*
hacía tres siglos *three centuries ago*
a punto de *about to*
nos envolvimos *we wrapped ourselves up*
escarpa *cliff*
enterrados *buried*
borrar *to erase*
faz *surface, face*

Ejercicios de comprensión

A. Los Niños Héroes Selecciona la mejor respuesta para completar la frase.

1. El Bosque de Chapultepec es el nombre de ____.
   a. un cerro
   b. un parque
   c. un museo
   d. un monumento

2. El «grito de Dolores» se refiere a ____.
   a. una mujer que llora
   b. una niña que busca a su padre
   c. un acontecimiento trágico
   d. las palabras que inspiraron una guerra

3. Según el contexto histórico de este capítulo, Dolores es el nombre de ____.
   a. un pueblo
   b. una iglesia
   c. una mujer heróica
   d. una malvada

4. El motivo de los EE.UU. en su guerra contra México fue el de ____.
   a. liberar a los indios
   b. ganar tierra
   c. defender el país
   d. ganar la independencia

5. Los Niños Héroes murieron porque ____.
   a. los soldados estadounidenses los mataron
   b. se suicidaron (se mataron a sí mismos)
   c. los soldados destruyeron el Castillo de Chapultepec y ellos estaban dentro
   d. no tenían nada que comer

B. ¿Verdadero o falso? Si la frase es verdadera, di que sí. Si es falsa, corrígela.

1. Daniel tiene ganas de visitar otro museo.
2. El Padre Hidalgo empezó la Guerra de Independencia contra España.

3. Winfield Scott era el profesor de los Niños Héroes en el colegio militar.
4. Cuauhtémoc luchó en el mismo lugar que los Niños Héroes.
5. Los estadounidenses derrotaron *(defeated)* fácilmente a los Niños Héroes.

Diálogo

Con un(a) compañero(a) de clase, prepara un diálogo en forma de una entrevista *(interview)*. Haz preguntas sobre un acontecimiento que la otra persona quiere recordar para siempre. También haz preguntas sobre un acontecimiento que la otra persona quiere olvidar. Presenta los diálogos a la clase.

Composición

Al Dr. Jiménez le gusta visitar los museos. Daniel prefiere ir al parque. Escribe una composición sobre lo que te gusta hacer. ¿Qué haces para divertirte? Describe un sábado perfecto o unas vacaciones perfectas. Puedes incluir la siguiente información.

- ¿Prefieres dormir mucho o ser muy activo(a)?
- ¿Te gusta ir al cine? ¿Qué clase (tipo) de películas te gustan?
- ¿Te gustan los deportes?
- ¿Te gusta leer? ¿Qué clase de libros prefieres?
- ¿Te gusta ir a museos?
- ¿Prefieres estar solo(a) o con amigos?
- ¿Prefieres la ciudad o el campo? ¿Por qué?

Capítulo 9

Benito Juárez

VOCABULARIO

SUSTANTIVOS

el/la abogado(a) *lawyer*
el deseo *wish, desire*
la diversión *fun, amusement*
la época período de tiempo; *era, time*
el/la huérfano(a) un(a) niño(a) sin padres; *orphan*
la ley (las leyes) *law*
la niñez *childhood*

VERBOS

alejarse de irse; *to move away from*
crear *to create*
escaparse *to run away from, to escape*
golpear *to hit*
lograr *to achieve*
mejorar hacer mejor; *to improve*

ADJETIVOS

emocionante lleno de emoción; *exciting*
justo(a) el contrario de injusto(a); *fair, just*

⟐⟐ Ejercicios de vocabulario ⟐⟐

A. Crucigrama Llena el crucigrama.

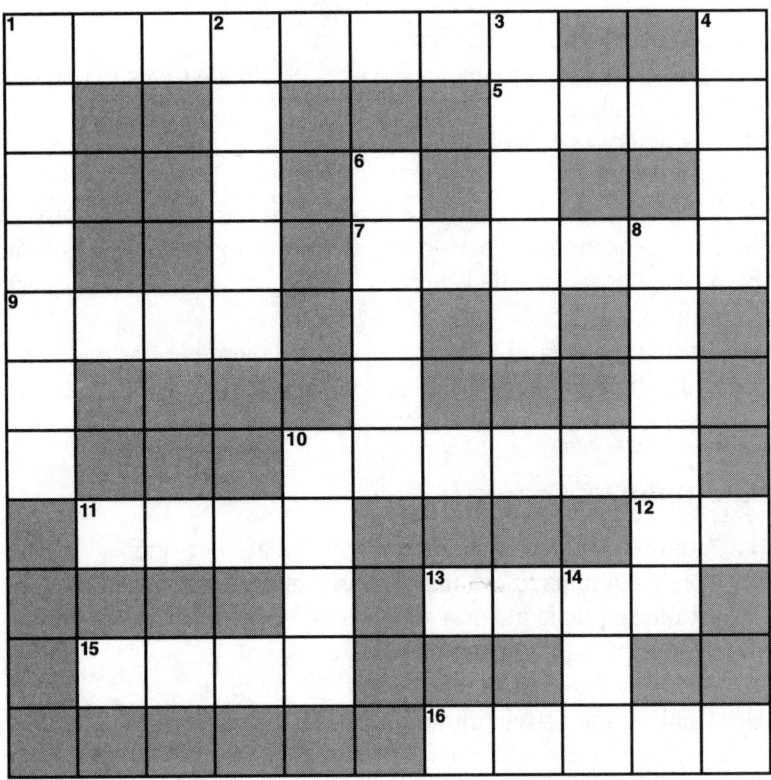

**Las respuestas no están limitadas al vocabulario de este capítulo.*

HORIZONTAL

1. No quiero ____ de este lugar. Estoy contento aquí.
5. La Malinche sufrió mucha ____ cuando su padre se murió.
7. El rebelde *(rebel)* se ____ de su patria porque sus enemigos quieren matarlo.
9. Muchos creen que el ____ de una persona buena sube al cielo *(heaven)* cuando la persona muere.
10. Cuauhtémoc quería ____ una victoria contra los españoles.
11. Viviana es una persona llena de amor. Ella no ____ a nadie.
12. Daniel no quiere ____ a otro museo.
13. La ____ es cuando dos personas se unen en matrimonio.
15. Juan lleva los zapatos en la cabeza. Juan es muy ____.

16. La ____ debe ser una época de diversiones, cuando un niño juega y no se preocupa *(worry)* de nada.

VERTICAL

1. F. Lee Bailey no es médico; es ____.
2. Queremos vivir en una sociedad ____, donde todos tienen derechos iguales.
3. Los aztecas sufrieron mucho durante la ____ de la dominación española.
4. Mi tía siempre hace cosas extrañas. Ella es una mujer muy ____.
6. El ____ de vivir en libertad es muy fuerte; todos quieren estar libres.
8. México es la ____ de los niños héroes; nacieron allí y la querían mucho.
10. En una guerra, un ____ gana y el otro pierde.
14. El Dr. Jiménez, la Sra. Jiménez y Daniel no se ____ cuenta de lo que pasa cuando el anillo brilla.

B. Tus opiniones Contesta.

1. ¿Cuál fue la época más difícil de tu vida? ¿Por qué?
2. Nombra a unos huérfanos famosos en la ficción.
3. ¿Cómo se puede mejorar tu escuela?
4. ¿Quién creó un monstruo famoso?
5. ¿Qué quieres lograr en tu vida?
6. ¿Cuál es una actividad muy emocionante para ti?
7. Un genio *(genie)* te da tres deseos. ¿Cuáles son tus tres deseos?
8. Nombra a un abogado famoso.
9. ¿Cuál es la diversión favorita de tu madre o de tu padre?
10. ¿De qué actividad o trabajo quieres escaparte?
11. ¿En qué ciudad se escriben las leyes de los Estados Unidos?

Benito Juárez

Los Jiménez se alejan del Monumento de los Niños Héroes en silencio. Piensan en la tragedia de los jóvenes muertos. Piensan en la tragedia de la guerra. Suben el Cerro de Chapultepec, el lugar de la tragedia. Después de unos momentos se encuentran enfrente del Museo Nacional de Historia.

—¡Papi!— dice Daniel.— ¡Otro museo! Me prometiste que íbamos a pasar el día en un parque.

—Pero el Bosque de Chapultepec es un parque— dice el Dr. Jiménez.— Esta tarde vamos a visitar la otra área del parque, donde hay un gran parque de diversiones que se llama Feria Chapultepec Mágico. Allí hay una *montaña rusa* tan grande que vas a tener *piel de gallina* si tienes la valentía subir.

montaña rusa *roller coaster*
piel de gallina *goose bumps*

—¿Valentía? ¿Yo? ¡Cómo no! ¡Me encantan las montañas rusas! ¿Podemos ir ahora mismo, papá?— pregunta Daniel.

—No, hijo. Primero vamos a visitar el Museo Nacional de Historia. Después vamos al parque de diversiones y puedes divertirte en tu montaña rusa.

Los Jiménez entran en el museo. Después de andar por el primer piso, ven un *fresco* que les llama la atención. El fresco se llama «Juárez y la reforma». El artista es José Clemente Orozco, famoso pintor mexicano. El fresco enseña una época de la historia de México. En el centro del fresco Viviana ve la cara muy noble de un hombre. Es *moreno* y tiene una *cicatriz* en los labios. Los ojos intensos de esta cara le fascinan a Viviana y ella tiene ganas de conocer al hombre de esos ojos. Su anillo parece entender su deseo y empieza a brillar. Dentro de un momento, Viviana está cara a cara con el hombre del fresco.

fresco *type of painting done on a plaster wall*

moreno *dark-skinned*
cicatriz *scar*

—Me imagino que usted es un gran hombre, un hombre de gran importancia en la historia de México— le dice Viviana.

—Soy Benito Juárez. Soy un hombre de origen muy humilde. Soy indio, zapoteca. Nací en 1806. Tuve una niñez difícil. Sólo tenía cinco años cuando mis padres se murieron. Así me quedé huérfano muy joven. Mi tío me cuidó y me enseñó a hablar español (antes sólo hablaba la lengua zapoteca). También me enseñó a leer y escribir. Pero mi tío era severo y cruel, y a veces me golpeaba. Fue él que me hizo esta cicatriz que tengo en los labios. A los doce años me escapé de mi tío y fui a vivir con mi hermana, que trabajaba como sirvienta en la ciudad de Oaxaca. Mi hermana trabajaba para un buen hombre que se llamaba Maza. Maza me ayudó con mi educación, y llegué a ser abogado. En 1847, al final de la guerra entre mi país y los Estados Unidos, llegué a ser el gobernador de Oaxaca. Pero a causa de mi gran enemigo político, el general Santa Anna, tuve que escaparme. Fui a New Orleans, donde me puse muy enfermo con el *cólera*. Casi me morí. En New Orleans me junté con otros exiliados mexicanos. Nosotros, los liberales, queríamos mejorar nuestro país. Queríamos ayudar a los pobres y hacer reformas para crear una sociedad más justa para todos. En 1855 volvimos a México y luchamos contra el *gobierno* conservador del general Santa Anna. Logramos una victoria, y esta vez fue Santa Anna quien tuvo que escaparse. Me nombraron Ministro de Justicia del nuevo gobierno. Escribí varias leyes muy controversiales. Con mis reformas traté de limitar el poder de la iglesia, crear tolerancia religiosa y ofrecer los beneficios de la educación a las mujeres, igual que a los hombres. También traté de lograr reformas en la distribución de la tierra. Creo que la tierra debe estar en manos de muchas personas. La iglesia y unas pocas personas no deben controlar toda la tierra. A causa de mis reformas, me llaman el Abraham Lincoln de México. En 1857 llegué a ser presidente de México. Como presidente logré más justicia para los *mestizos*, que no tenían ningún poder en el gobierno. Sufrí otro exilio en 1864, cuando Francia conquistó a México y Napoleón nombró a Maximiliano como Emperador de México. En 1867, volví a México con tropas valientes, y reconquistamos nuestra tierra. Otra vez fui presidente de México.

—¡Qué vida más emocionante!— dice Viviana.— ¡Usted logró tanto por su patria!

cólera una enfermedad muy grave; *cholera*

gobierno *government*

mestizos personas de raza *(race)* mezclada: india y europea; *people of mixed race*

Ejercicios de comprensión

A. ¡A escoger! Selecciona la mejor respuesta para completar la frase.

1. Una montaña rusa es ____.
   - **a.** un monumento nacional
   - **b.** una diversión
   - **c.** una comida
   - **d.** un museo

2. Benito Juárez era todo lo siguiente MENOS ____.
   a. abogado
   b. presidente de su país
   c. traidor
   d. huérfano

3. La filosofía de Benito Juárez era ____.
   a. conservadora
   b. liberal
   c. fanática
   d. religiosa

4. Benito Juárez quería lograr una sociedad más justa por medio de *(by means of)* ____.
   a. reformas políticas
   b. una guerra
   c. escaparse de su patria
   d. la ayuda de Francia

B. ¿Verdadero o falso? Si la frase es verdadera, di que sí. Si es falsa, corrígela.

1. Según Daniel, la montaña rusa es muy emocionante.
2. Benito Juárez es de origen español.
3. El tío de Benito Juárez era muy amable.
4. La niñez de Benito Juárez estuvo llena de apuros.
5. Maza empleó a Benito Juárez.
6. Benito Juárez pasó unos años en exilio *(exile)* en los EE.UU.
7. Maximiliano llegó a ser el Emperador de México porque España tenía control del país.

C. Benito Juárez Contesta.

1. Describe la niñez de Benito Juárez. ¿Por qué era difícil?
2. ¿Por qué se llama a Benito Juárez «el Abraham Lincoln mexicano»?

Diálogo

Daniel quiere divertirse en el parque. El Dr. Jiménez prefiere visitar los museos. Con un(a) compañero(a) de clase, prepara un diálogo entre dos personas que no están de acuerdo. Una persona quiere hacer una cosa, y la otra persona quiere hacer otra cosa. Las dos personas pueden ser amigos o una madre o padre y un hijo. Presenta tu diálogo a la clase.

Composición

Benito Juárez quería mejorar su patria. ¿Cómo se puede mejorar tu pueblo o la ciudad donde vives? ¿Qué debe hacer el gobierno para mejorar la vida de la gente? Escribe una composición sobre cómo es posible mejorar un lugar para hacerlo ideal. Puedes escribir leyes para una sociedad ideal.

Capítulo 10

Pancho Villa

VOCABULARIO

SUSTANTIVOS

el bandido *outlaw*
los bigotes pelo que tienen los hombres encima de los labios; *mustache*
el derecho *right (for example civil rights, human rights)*
la falta *lack*
el pensamiento acción de pensar; *thought*
la tontería cosa boba; *nonsense, silliness*

VERBOS

herir (ie, i) *to wound*
matar terminar la vida de alguien; *to kill*
quejarse *to complain*

ADJETIVOS

lindo(a) *pretty; pretty one*
listo(a) inteligente; *clever*
poderoso(a) muy fuerte; *very strong*
único(a) *only*

EXPRESIONES ÚTILES

ya no *no longer*

Ejercicio de vocabulario

A. Pareo Escribe la letra de la palabra que corresponde.

1. el bandido	**a.** actividad mental
2. poderoso	**b.** herir fatalmente
3. único	**c.** hablar de lo que no te gusta
4. listo	**d.** el contrario de «débil»
5. el pensamiento	**e.** bonito, bello
6. la falta	**f.** una cosa que no debes hacer
7. lindo	**g.** no hay otro
8. quejarse	**h.** el contrario de «bobo»
9. la tontería	**i.** lo que no tienes
10. matar	**j.** una persona que no obedece *(obeys)* la ley

B. Tus opiniones Contesta.

1. ¿Quién es un personaje *(character)* muy listo?
2. Nombra una actriz muy linda.
3. Nombra algo que hacías el año pasado que ya no haces.
4. ¿Qué grupos sufrían de la falta de derechos civiles en los EE.UU.?
5. Nombra una persona famosa con bigotes.
6. ¿Eres el/la único(a) hijo(a) de tu familia?
7. Con respecto a tu escuela, ¿de qué te quejas?
8. ¿De qué se quejan tus padres?
9. ¿Cuál es un país muy poderoso?

Pancho Villa

Los Jiménez se alejan del fresco de Orozco, cuando el *retrato* de Pancho Villa le llama la atención a Viviana. Villa es un hombre *moreno*, de bigotes largos, con un *cinturón de balas* a través del pecho. Ella se para enfrente del retrato. Daniel ya está harto de museos y empieza a quejarse.

retrato *portrait*
moreno *dark, dark-skinned*
cinturón de balas *belt with bullets*

—No es justo, papá. Vámonos al parque de diversiones. Tengo ganas de subir la montaña rusa. Basta ya con la historia.

—Está bien, hijo— dice la Sra. Jiménez.— Pero me imaginaba que querías oír de Pancho Villa. Era un

Robin Hood mexicano. Empezó como un buen muchacho que llegó a ser bandido porque defendió a su hermana. Terminó por ser un gran héroe revolucionario, que luchaba por la libertad y la justicia de su patria. Su historia tiene todos los elementos de esas películas de superhéroes que te gustan tanto. Un héroe fuerte y listo que lucha, con gran valentía, contra un malvado rico y poderoso, que abusa de mucha gente.

—¿Quién es el malvado?— pregunta Daniel.

—Porfirio Díaz. Era un dictador que sólo era amigo de los ricos y no le importaba la pena de los pobres. Tu hermana sabe la historia. Ella escribió una composición sobre Pancho Villa y la época de Porfirio Díaz en su clase de historia— dice la Sra. Jiménez.— Viviana...

Pero Viviana ya está transportada a otro lugar. Está en la Hacienda Canutillo con Pancho Villa. La fecha es el 18 de julio de 1923. Villa, a la edad de cuarenta y cinco años, ya no parece el líder revolucionario de *hace trece años*. Es un hombre más tranquilo, que trabaja de día para cultivar sus tierras. De noche estudia para aprender historia y matemáticas, para compensar la falta de educación formal. Es el padre de muchos hijos que viven con él.

hace trece años *thirteen years ago*

Viviana está un poco nerviosa, cara a cara con Villa. Ella aprendió que antes de ser revolucionario, Villa era un bandido violento que mató a varios hombres. Villa parece leer sus pensamientos.

—No debes tener miedo de mí, linda. Es verdad que era bandido, pero no quería serlo. Era un muchacho bueno. Amaba mucho a mi madre y a mi hermana menor, Martina. Mi padre se me murió cuando yo tenía doce años. Como todos los *campesinos* mexicanos, éramos muy pobres y trabajábamos mucho. Un día, cuando tenía dieciséis años, entré en nuestra casita y vi algo horroroso. Don Agustín López Negrete, el *dueño* de la hacienda, atacaba a mi hermana. Trataba de *hacerle daño*. Martina lloraba, y mi madre gritaba y trataba de defenderla, pero no podía. Hice la única cosa que podía: corrí a la casa de mi primo y volví con una pistola. *Tiré* tres veces y herí al Sr. Negrete. En aquella época, los pobres no

campesinos *field laborers*

dueño *owner*

hacerle daño *to harm her*

Tiré *I fired*

tenían derechos. Yo sabía que la policía local me iba a matar. No tuve alternativas; tuve que escaparme. Así es como llegué a ser bandido. Tuve que robar para vivir. Tuve que matar para defenderme.

—Sé que usted era bandido, y que después llegó a ser revolucionario y un gran héroe nacional— dice Viviana.— ¿Qué le pasó que le cambió la vida?

—Un día en 1910 conocí a un hombre extraordinario. Se llamaba Abraham González. Era de la clase alta, un rico. Pero tenía compasión por los pobres. Quería luchar contra la injusticia. Quería mejorar su patria.

Viviana recuerda lo que estudió en la clase de historia. —Aprendí que el dictador de esa época, Porfirio Díaz, era muy corrupto. Les quitaba la tierra a los pobres y se la vendía a los ricos y a países extranjeros. Díaz *premiaba* a sus amigos y mataba a sus enemigos. Era un malvado de los peores. Los pobres no tenían derechos. Los ricos hacían lo que querían— dice Viviana.

premiaba *rewarded*

—Eres una joven muy lista y conoces bien la historia— le dice Pancho Villa.— Ese malvado Negrete no tenía miedo de la ley cuando atacó a mi hermana porque los ricos eran la ley. Abraham González me habló de la posibilidad de mejorar la vida de mi gente. Después de hablar con González, me di cuenta de que yo podía luchar por los derechos de los pobres. En vez de luchar como bandido, iba a luchar como revolucionario, luchar por la justicia, la democracía, la libertad de mi gente. Ese día mi vida cambió.

Viviana escucha fascinada la historia de Pancho Villa, pero de repente su anillo brilla y se encuentra otra vez en el museo, frente al retrato. Afortunadamente, en este momento, la Sra. Jiménez está explicándole a Daniel qué le pasó al revolucionario Pancho Villa.

—Villa luchaba con gran valentía— dice la Sra. Jiménez.— Y siempre *cuidaba bien* a sus hombres. El 10 de mayo de 1911, Villa y sus hombres conquistaron la Ciudad Juárez. El 21 de mayo el malvado Díaz abandonó la presidencia. Los revolucionarios triunfaron sobre la *dictadura*.

cuidaba bien *took good care of*

dictadura *dictatorship*

—¿Y, qué le pasó a Pancho Villa?— pregunta Daniel.

—Pasó varios años tranquilos en la Hacienda Canutillo. Pero el 20 de julio de 1923 unos enemigos políticos lo mataron— contesta la Sra. Jiménez.

—¡Dios mío!— dice Viviana—. ¡Sólo dos días después de que yo le hablé!

¿Tú le hablaste?— dice Daniel.— ¡Qué tontería! Papi, ¿vamos ahora al parque de diversiones?

—Sí, hijo mío. Vamos ahora mismo— dice el Dr. Jiménez.

Ejercicios de comprensión

A. Pancho Villa y Porfirio Díaz Selecciona la mejor respuesta para completar la frase.

1. El principio de los problemas de Pancho Villa fue cuando él ____.
- **a.** robó comida
- **b.** robó dinero para comprar comida
- **c.** hirió al hombre que atacaba a su hermana
- **d.** llegó a ser revolucionario

2. Martina era la ____.
- **a.** hermana de Pancho Villa
- **b.** madre de Pancho Villa
- **c.** mujer de Pancho Villa
- **d.** amiga de Pancho Villa

3. Porfirio Díaz era ____.
- **a.** otro líder revolucionario
- **b.** el hombre que atacó a la hermana de Pancho Villa
- **c.** el dictador de México
- **d.** el padre de Pancho Villa

4. Pancho Villa murió ____.
- **a.** mientras luchaba en la revolución
- **b.** después de la revolución, cuando unos hombres lo mataron
- **c.** muy viejo y enfermo
- **d.** en exilio en New Orleans

B. ¿Verdadero o falso? Si la frase es verdadera, di que sí. Si es falsa, corrígela.

1. Pancho Villa tiene barba.
2. Porfirio Díaz les quitó tierra a los ricos para dársela a los pobres.
3. Al principio Viviana tiene miedo de Pancho Villa.
4. Abraham González era un hombre pobre que quería luchar por justicia para los pobres.

C. Pancho Villa Contesta.

1. ¿Por qué se llama a Pancho Villa un «Robin Hood»?
2. Abraham González tuvo gran influencia en la vida de Pancho Villa. Explica.

Diálogo

A veces a todos nos gusta quejarnos de algo que nos fastidia. Con un(a) compañero(a) de clase, prepara un diálogo sobre las quejas *(complaints)* de ustedes dos. ¿De qué te quejas tú? ¿De qué se queja tu compañero(a)? ¿Qué te fastidia con respecto a las costumbres de otras personas, las reglas *(rules)* de la escuela, etc.? Presenta tu diálogo a la clase.

Composición

Pancho Villa tuvo una conversación con Abraham González que le cambió la vida. Escribe una composición sobre un momento que cambia la vida de una persona. ¿De qué se da cuenta la persona que no entendía antes? Puede ser una experiencia personal, algo que le pasó a otra persona, o un incidente inventado o ficticio.

Capítulo 11

Dos volcanes y un amor

VOCABULARIO

SUSTANTIVOS

la mochila bolsa de material resistente (fuerte) que se lleva a la espalda; *backpack*
el espíritu *spirit*
el orgullo *pride*
el pecho parte del cuerpo (de una persona o de un animal); *chest*
la rodilla *knee*
la vista lo que se puede ver; *view*

VERBOS

descansar *to relax, to rest*
ponerse *to put on (clothing)*

ADJETIVOS

orgulloso(a) que tiene orgullo; *proud*
peligroso(a) *dangerous*

EXPRESIONES ÚTILES

se puede + infinitivo es posible (Se puede ver muchas montañas en México.)
seguida: en seguida inmediatamente; *right away*
tener celos *to be jealous*
la vez *time* (in the sense of occurrence: Vi la película dos veces.)
a veces *at times; sometimes;* **de vez en cuando** *from time to time*

◈◈ Ejercicios de vocabulario ◈◈

A. Pareo Escribe la letra de la palabra que corresponde.

1. descansar	**a.** querer algo que otra persona tiene
2. la rodilla	**b.** se puede ver desde la ventana
3. el orgullo	**c.** no siempre
4. la mochila	**d.** una parte de la pierna
5. en seguida	**e.** una parte del cuerpo; la camisa la cubre
6. a veces	**f.** lo que se usa para llevar libros
7. la vista	**g.** una emoción positiva, satisfacción
8. tener celos	**h.** no trabajar más
9. el pecho	**i.** rápidamente, inmediatamente

B. Tus opiniones Contesta.

1. ¿De qué estás orgulloso?
2. ¿Qué te pones cuando hace frío?
3. ¿Tienes celos de alguien? ¿Quién es? ¿Por qué tienes celos de esa persona?
4. ¿Qué haces para descansar?
5. Nombra una actividad peligrosa.

Dos volcanes y un amor

La mañana siguiente Daniel y Viviana se levantan muy temprano. La familia va a hacer un viaje muy emocionante. Los Jiménez van a visitar el Parque Nacional de los *Volcanes*. Los dos jóvenes tienen ganas de subir un volcán. Sólo van a subir un poco porque puede ser peligroso y hace mucho frío en las áreas muy altas. Los Jiménez llevan consigo chaquetas y ropa para protegerse del frío. También tienen botas especiales para subir montañas. Hacen unas maletas porque van a pasar la noche en la *posada* de Tlamacas, al pie del Popocatépetl, un volcán muy famoso que a veces *echa humo*. A las ocho de la mañana suben al autobús y empiezan el viaje de 60 kilómetros (36 millas) a Tlamacas.

volcanes *volcanoes*

posada *inn, lodge*
echa humo *gives off smoke*

Cuando llegan, en seguida se ponen la ropa gruesa y preparan una mochila con botellas de agua y unos

bocadillos. Por fin están preparados y empiezan a subir el Popocatépetl. De vez en cuando se paran para admirar las vistas magníficas.

—¡Qué frío!— dice Viviana.— Y mira la nieve. ¡Nieve en el verano!

—Estas montañas siempre están cubiertas de nieve, y siempre hace mucho frío aquí a causa de la altura— dice la Sra. Jiménez.

Después de subir por dos horas, los padres se quejan de estar cansados. Pero Daniel y Viviana tienen orgullo de ser muy fuertes y no se quejan. Después de tres horas llegan a *Las Cruces*. Las Cruces es un área al lado del Popocatépetl. Allí hay unas cruces para honrar a los muertos. Desde Las Cruces se puede ver las montañas de Itzaccíhuatl. Es una vista fenomenal. Popocatéptl, que se llama Popo, e Itzaccíhuatl, que se llama Itza, son los dos volcanes más famosos. En Las Cruces, los Jiménez se paran para descansar y almorzar y para admirar las vistas. El volcán de Itza tiene cuatro *picos*. Estos picos se llaman La Cabeza, El Pecho, Las Rodillas y Los Pies. Los cuatro picos parecen tener la forma de una mujer dormida. En la lengua azteca el nombre Itzaccíhuatl significa «Mujer dormida». La vista de Itza le fascina a Viviana, y pronto su anillo brilla y ella oye una voz que parece venir de la montaña de Itza. Es la voz muy linda de una mujer.

Las Cruces *The Crosses*

picos *peaks*

—Soy el espíritu de Itzaccíhuatl— dice la voz. Soy una princesa azteca. Mi padre era un emperador azteca, un hombre muy orgulloso y poderoso. Cuando era viejo y débil, sus enemigos preparaban un ataque contra nuestra tierra. Mi padre seleccionó a Popocatépetl, el más fuerte y valiente de los *guerreros*, para ser jefe de sus hombres. Fueron a luchar contra nuestros enemigos. Yo lloraba cuando Popo tuvo que irse. Nadie sabía que Popo y yo éramos novios, que estábamos enamorados. Popo me prometió que iba a volver y que iba a estar siempre a mi lado. Mi padre prometió que el guerrero más valiente podía casarse conmigo. La guerra fue larga y terrible, pero Popo luchó con gran valentía y nuestro lado *triunfó*. Pero un enemigo de mi querido Popo tenía celos de

guerreros *warriors*

triunfó ganó; *triumphed*

él. Este enemigo quería parecer el héroe de la guerra y quería casarse conmigo. Este malvado volvió y nos dijo que mi Popo estaba muerto. No era verdad pero yo lo creí. Caí enferma con el corazón roto y me morí. Cuando Popo volvió, me encontró muerta. Me llevó a las montañas y *cumplió con* su promesa de estar siempre a mi lado. Se sentó cerca de mí con una *antorcha* para *vigilarme.* Al poco tiempo, unos dioses amables nos convirtieron en volcanes. El humo que a veces viene del volcán de Popo es el humo de su antorcha. Yo soy Itzaccíhuatl, la mujer dormida a su lado. Así estamos juntos para siempre, y nuestro amor nunca se muere.

cumplió con *kept (as a promise)*
antorcha *torch*
vigilarme *keep watch over me*

A Viviana le encanta este mito de amor eterno. Ella piensa en el amor de Popo e Itza, cuando la voz de su hermano *la devuelve* al mundo real:

—¿Dónde estás, soñadora? ¡Mi hermana la boba!

la devuelve *returns her*

Ejercicios de comprensión

A. ¡A escoger! Selecciona la mejor respuesta para completar la frase.

1. Para subir al Popocatéptl es necesario ____.
- **a.** pagar mucho dinero
- **b.** ponerso ropa y botas especiales
- **c.** tomar un autobús
- **d.** tomar un tren

2. A veces el volcán Popocatéptl ____.
- **a.** destruye los pueblos cercanos
- **b.** tiene un clima *(weather)* caliente
- **c.** da indicios *(signs)* de ser activo
- **d.** está cubierto de flores

3. Daniel y Viviana no quieren admitir que ____.
- **a.** están cansados
- **b.** tienen frío
- **c.** no les gusta subir tanto
- **d.** perdieron las mochilas

4. Los picos que forman el volcán de Itza parecen ____.
   a. montañas muy altas
   b. simbolizar una antorcha *(torch)*
   c. las partes del cuerpo de una mujer
   d. la cara de una mujer

5. Los dos volcanes, Itza y Popo, simbolizan ____.
   a. el poder *(power)* de los guerreros aztecas
   b. el frío constante de las montañas
   c. los celos del enemigo de Popo
   d. dos novios

B. ¿Verdadero o falso? Si la frase es verdadera, di que sí. Si es falsa, corrígela.

1. Los Jiménez van a pasar la noche en Las Cruces.
2. Itza era un emperador azteca.
3. Itza se enamoró de Popo.
4. El padre de Itza la ofreció en matrimonio al guerrero más valiente.
5. Popo se murió en la guerra.
6. Itza se murió de tristeza (por estar tan triste).
7. Popo ya no está enamorado de Itza.

Diálogo

Con un(a) compañero(a) de clase, prepara un diálogo entre Popo e Itza. Los dos se dicen «adiós» antes de la salida *(departure)* de Popo. Hablan de su amor, de lo que van a hacer después de la guerra. Se prometen ciertas cosas. Presenta tu diálogo a la clase.

Composición

A. Escribe una composición sobre el orgullo. ¿De qué están orgullosas varias personas? Primero escribe una lista de diez personas (yo, mis padres, mi mejor amigo[a], el/la profesor[a], mis abuelos, Leonardo Di Caprio, etc.). Sigue el modelo: **Mis abuelos están orgullosos de ____ porque ____.**

B. Escribe del momento más orgulloso de tu vida. O puedes inventar un cuento sobre un momento orgulloso.

Capítulo 12

Nuestra Señora de Guadalupe

VOCABULARIO

SUSTANTIVOS

la fe *faith*
la luz *light*
el milagro un evento sobrenatural de origen divino; *miracle*

VERBOS

acostarse meterse en la cama; *to go to bed*
aparecer(se) *to appear*
asistir *to attend*
asustarse *to be startled, to be frightened*

ADJETIVOS

dulce *sweet*
maravilloso(a) *wonderful*
santo(a) *saintly; holy*

EXPRESIONES ÚTILES

al + infinitivo *upon doing something* (Al ver a Popo, Itza se enamoró de él. = *Upon seeing Popo [When she saw Popo] Itza fell in love with him.*)

◈◈ Ejercicios de vocabulario ◈◈

A. Pareo Escribe la letra de la palabra que corresponde.

1. el milagro	**a.** una cosa que brilla
2. asustarse	**b.** un evento que no se puede explicar
3. acostarse	**c.** que tiene mucho azúcar *(sugar)*
4. la luz	**d.** tener miedo
5. dulce	**e.** meterse en la cama
6. la fe	**f.** muy buena y religiosa
7. santo	**g.** algo en que crees

B. Tus opiniones Contesta.

1. ¿Te gustan los dulces? ¿Cuáles son tus favoritos?
2. Da un ejemplo de un milagro.
3. Nombra una persona maravillosa.
4. ¿Cuándo aparecen los fantasmas *(ghosts)*?
5. ¿Cuándo aparece un arco iris *(rainbow)*?
6. ¿En qué persona tienes mucha fe?
7. Completa la frase: Yo me asusté mucho cuando...
8. ¿Te gusta acostarte tarde o temprano?
9. ¿Asistes a muchos conciertos? ¿Cuál es tu grupo favorito?

C. Al + infinitivo Escribe frases según el modelo.

> La Srta. Muffett vio una araña *(spider)*.
> Al ver la araña, la Srta. Muffett se fue.

1. El niño vio muchos dulces.
2. Yo vi un monstruo.
3. Me di cuenta de que estaba en una situación peligrosa.

Nuestra Señora de Guadalupe

Al volver a la posada de Tlamacas, los Jiménez se acuestan muy temprano. Todos están cansados después del *ascenso* tan difícil. La mañana siguiente se levantan tarde y nadie tiene ganas de irse muy rápido. Vuelven a su hotel en la Ciudad de México a

ascenso acción de subir; *climb*

la una, a la hora de almorzar. Almuerzan y, después de una siesta, deciden hacer un viaje corto para visitar la Basílica de la Virgen de Guadalupe. Este lugar tan *sagrado* está a unos seis kilómetros (menos de cuatro millas) de la Ciudad de México. Es un viaje muy fácil por metro.

sagrado muy santo; *sacred*

Durante el viaje, la Sra. Jiménez les habla a los niños de las maravillas (cosas maravillosas) que van a ver.

—La Virgen de Guadalupe es la Virgen María, que, según la tradición, se le apareció a un indio pobre en la Villa de Guadalupe in 1531— les explica la Sra. Jiménez.— El indio, Juan Diego, iba a la ciudad para asistir a la iglesia, cuando oyó una voz muy dulce y vio a una mujer *morena*, morena como los indios, como él. Al principio Juan se asustó al ver a esta señora que brillaba con una luz extraña. Pero ella *lo tranquilizó*. Le dijo que era la Virgen María y que necesitaba su ayuda. Juan no podía imaginarse cómo él, un indio pobre, podía ayudar a la Virgen María. Ella le explicó que quería una iglesia en aquel lugar. Ella quería estar allí, cerca de la gente india que ella amaba. Juan fue junto al *obispo* y le explicó el deseo de la Virgen. Pero el obispo no lo creyó. Juan volvió al mismo lugar, y otra vez vio a la Virgen. Juan le dijo lo que pasó con el obispo. Necesitaba una manera de *probarle* al obispo que decía la verdad. La Virgen le *señaló* la tierra a sus pies. La tierra normalmente estaba muy seca y llena de piedras; sólo servía para cactos, nada más podía *crecer* allí. Juan se asustó al ver las rosas que crecían a sus pies. ¡Qué milagro! Juan puso las rosas en su *sarape* y las llevó al obispo. Al mostrarle las rosas al obispo, Juan y el obispo vieron otro milagro. ¡El sarape de Juan tenía la imagen de la Virgen! Había un *retrato* de la Virgen María pintado en el sarape de Juan. Entonces el obispo creyó a Juan y *mandó* la construcción de la iglesia en el lugar donde Juan encontró las rosas. Hoy, en la nueva Basílica de la Virgen de Guadalupe, construida al lado de la iglesia original, se puede vere ste sarape maravilloso. Desde 1531 hasta hoy, más de cuatro siglos y medio, la pintura *no ha perdido* sus colores

morena *dark-skinned*

lo tranquilizó *she calmed him down*

obispo oficial de la iglesia

porbarle *to prove to him*

señaló *pointed to*

crecer llegar a ser más grande; *to grow*

sarape *a woven cape or cloak*

retrato *portrait*

mandó *ordered*

no ha perdido *has not lost*

originales. Los expertos de arte no pueden explicar esta pintura maravillosa que dura por tantos años. Muchos enfermos vienen a esta Basílica para pedirle ayuda a la Virgen. Muchos caminan de rodillas la última milla de distancia. Un tío mío vino así de rodillas para pedirle ayuda con su artritis. Él me dijo que anduvo por tierra llena de piedras, y no le dolían las rodillas. Además, después de su visita, su artritis se mejoró.

—¿Es verdad, mamá?— le pregunta Viviana.

—No sé, hija. Pero la fe puede hacer cosas maravillosas.

Los Jiménez bajan del metro cerca de la Basílica. Todos tienen ganas de ver la capa maravillosa. Entran en la Basílica, y al verla no quedan desilusionados. Es la imagen de la misma Virgen morena y bella que, según la tradición, Juan Diego vio hace tantos años. Parece emitir una luz mágica. Después de ver el retrato, Viviana se siente llena de fe. Los Jiménez salen de la Basílica y andan una distancia corta a *la Capilla del Pocito*. Aquí ven el *pozo* que, según muchos, se abrió bajo los pies de la Virgen cuando ella apareció allí. Al mirar las aguas del pozo, Viviana se da cuenta de que su anillo brilla. Entonces se encuentra enfrente de un indio de una cara muy agradable.

la Capilla del Pocito *the Chapel of the Little Well*
pozo *well*

—Soy Juan Diego— dice el hombre.— La Virgen aprareció enfrente de mí en este lugar. La gente cree que las aguas de este pozo pueden hacer milagros. Mucha gente viene aquí para beber de estas aguas. Después, los ciegos pueden ver y los enfermos se curan.

—¿Qué pensó usted al ver a la Virgen por primera vez?— le pregunta Viviana.

—Al principio no podía creerlo. Pero en seguida me di cuenta de que fue un milagro. Cuando el obispo no me creyó, me quedé muy desilusionado. Es terrible cuando dices la verdad y la gente no te cree.

Viviana piensa que si ella le habla a Daniel de sus aventuras con el anillo mágico, él no va a creerle.

—Entiendo bien— le dice a Juan Diego.— Pero usted cree en la visión. La fe es una cosa maravillosa.

Ejercicios de comprensión

A. ¡A escoger! Selecciona la mejor respuesta para completar la frase.

1. El obispo creyó a Juan Diego después de ____.
- **a.** oír su historia por primera vez
- **b.** ver a la Virgen con sus propios ojos
- **c.** construir la iglesia
- **d.** ver las rosas y el sarape

2. Juan se asustó al ver las rosas porque ____.
- **a.** normalmente no había rosas en aquella tierra
- **b.** las rosas eran de un color extraño
- **c.** las rosas tenían la imagen de la Virgen
- **d.** eran tan bellas

3. El sarape de Juan Diego es maravilloso porque ____.
- **a.** hay rosas dentro
- **b.** se puede ver la imagen de la Virgen en el sarape
- **c.** el sarape ha cambiado de color
- **d.** es el único sarape que Juan tiene

4. La gente cree que las aguas del pozo pueden ____.
- **a.** producir rosas
- **b.** limpiar la iglesia
- **c.** curar a los enfermos
- **d.** convertir un hombre ordinario en un santo

B. ¿Verdadero o falso? Si la frase es verdadera, di que sí. Si es falsa, corrígela.

1. La Virgen María se apareció a Juan Diego porque quería un favor de él.
2. Los Jiménez hacen el viaje a la Basílica de rodillas.
3. Guadalupe es el nombre del pueblo donde Juan Diego vio a la Virgen.
4. El anillo de Viviana empieza a brillar cuando ella mira el sarape de Juan Diego.
5. Mucha gente visita la Basílica de la Virgen de Guadalupe para pedir ayuda con problemas económicos.
6. Un pariente de la Sra. Jiménez recibió ayuda después de visitar la Basílica.

C. Milagros Contesta.

¿Qué elementos maravillosos se asocian *(are associated)* con la Virgen de Guadalupe?

Diálogo

Con un(a) compañero(a) de clase, prepara un diálogo entre Viviana y Daniel. Viviana le habla a Daniel de sus aventuras con el anillo mágico. Daniel es incrédulo *(skeptical)*. Presenta tu diálogo a la clase.

Composición

Hay cosas maravillosas en nuestra vida diaria. A veces no nos damos cuenta de estas cosas maravillosas, como la sonrisa de una persona querida o la aroma del pan. Habla de algo maravilloso para ti y explica por qué te gusta tanto.

Capítulo 13

La Lagunilla

VOCABULARIO

SUSTANTIVOS

el dedo *finger*
el edificio *building*
el fantasma el espíritu de un(a) muerto(a) que anda por la tierra; *ghost*
el juguete algo que se usa para jugar; *toy*
la pesadilla un mal sueño; *nightmare*
el/la vecino(a) una persona que vive cerca de ti; *neighbor*
el viento *wind*

VERBOS

dejar abandonar; *to leave (something behind)*
dejar de + infinitivo no hacer más; *to quit or stop doing something* (Daniel dejó de quejarse. *Daniel stopped complaining)*

ADJETIVOS

agradecido(a) lleno(a) de gratitud; *grateful*
flaco(a) *thin, skinny*
oscuro(a) cuando hay una falta de luz; *dark*
tonto(a) bobo(a)

Ejercicios de vocabulario

A. Pareo Escribe la letra de la palabra que corresponde.

1. el dedo	**a.** cuando no hay luz
2. la pesadilla	**b.** se usa para describir a alguien que necesita comer más
3. el vecino	**c.** como te sientes cuando alguien te hace un favor
4. el juguete	**d.** algo que te da miedo cuando duermes
5. tonto	**e.** una escuela, una iglesia, una tienda
6. oscuro	**f.** un niño lo usa para divertirse
7. agradecido	**g.** una parte de la mano
8. flaco	**h.** una persona que vive en la próxima casa
9. el edificio	**i.** bobo

B. Tus opiniones Contesta.

1. ¿Te llevas bien con tus vecinos?
2. ¿Crees en fantasmas?
3. ¿Cuál es una película donde hay un fantasma?
4. Cuando eras niño(a), ¿cuál era tu juguete favorito?
5. ¿Qué mala costumbre dejaste de hacer?
6. ¿Por que dejan de fumar *(smoke)* muchas personas?
7. ¿A veces dejas tus libros en la escuela?
8. ¿Recuerdas tus pesadillas?
9. ¿Quién es un personaje *(character)* muy tonto en la tele?
10. ¿Estás agradecido(a) por los derechos que tienes?

La Lagunilla

—Hoy es nuestro último día en la Ciudad de México— dijo la Sra. Jiménez.— ¿Qué tienen ganas de hacer?

—Debemos volver al Zócalo— dice el Dr. Jiménez. Hay otro museo allí que no vimos. El Museo de Benito Juárez. Está en el edificio donde vivía Juárez, y se puede ver sus libros y los muebles que usaba…

—¡Papá!— dice Daniel.— ¡No me aguanto otro museo más! Estoy harto. Por favor, papi. Basta ya con la cultura. Quiero hacer algo divertido.

Sor
Juana Inés
de la Cruz

El Dr. Jiménez mira a Viviana. —Hija,— le dice, estás muy tranquila. ¿Qué piensas?

—Pues, tenía ganas de ver el Convento de San Jerónimo, donde vivía *Sor* Juana Inés de la Cruz en el siglo XVII. Ella era una mujer fascinante. Fue la primera mujer del Nuevo Mundo que habló en favor de los derechos de las mujeres de recibir una educación formal. Era escritora, *monja*, intelectual…

Sor Hermana

monja mujer de una orden religiosa; *nun*

(En este momento Daniel se pone el dedo en la boca y hace *gestos* como para vomitar.)

gestos *gestures*

—Pero iba a decir— dice Viviana— que esta vez estoy de acuerdo con Daniel. Quiero hacer algo diferente.

—¡Estás de acuerdo conmigo! ¡Otro milagro!— dice Daniel.

—Como hoy es domingo— dice la Sra. Jiménez— ¿por qué no vamos al enorme «flea market» de La Lagunilla? Se dice que venden de todo allí.

—¡Qué idea maravillosa, mamá!— dice Viviana.

—De acuerdo— dice Daniel.

—Vámonos— dice el Dr. Jiménez.

Poco tiempo después, la familia baja del metro en la Estación Guerrero. Toman un minibús verde, que se llama «un pesero», y después de unos minutos llegan al gran mercado de La Lagunilla. Daniel va directamente a un *puesto* donde se vende una gran variedad de cosas: juguetes, libros, *antigüedades*. Los juguetes le llaman la atención a Daniel, pero la vendedora quiere mostrarle un *rosario*.

puesto *booth; seller's stall*

antigüedades cosas viejas; *antiques*

rosario *rosary beads, used in prayer in the Catholic religion*

—Me interesan más los juguetes— le dice Daniel.

—Pero esto no es un rosario ordinario. Este rosario es parte del gran misterio de la *Calle de Olmedo*.

Calle de Olmedo *Elm Street*

—¡Calle de Olmedo!— dice Daniel. ¿Cómo... «La pesadilla en la Calle de Olmedo»?

—No. Nuestro misterio es más viejo que tu película norteamericana— dice la vendedora. Nuestro misterio es del fin del siglo XVIII. Una noche muy oscura, cuando caía una lluvia triste y el viento parecía llorar, un *cura* cruzaba la calle cuando un hombre lo llamó. «Por favor, señor cura, entre en nuestra casa. Mi hermana está muy enferma. Va a morirse. Venga conmigo para oír la confesión de mi

cura líder religioso; *priest*

hermana.» El cura entró en el dormitorio de la casa y vio a una mujer muy *pálida* y flaca en la cama. Después de oír su confesión, el cura se fue. A la mañana siguiente, el cura se dio cuenta de que había olvidado su rosario en la cama de la mujer enferma. Volvió a la casa, que estaba *cerrada*. *Tocó a la puerta* pero nadie respondió. Por fin un vecino llegó. «¿Cuál es el problema, señor cura?» preguntó el vecino. «Es que anoche olvidé mi rosario en esta casa» contestó el cura. «Es imposible, señor» responde el vecino. «Hace cincuenta años se murió la señora de esta casa, y hace cincuenta años no entra nadie aquí.» Por fin llegó un policía y abrió la puerta. El cura entró en el dormitorio y allí, en la cama, vio el esqueleto de una mujer. En las manos del esqueleto el cura vio su rosario.

—¡Caramba!— dice Daniel, y va a irse sin comprar nada.

En este momento la Sra. Jiménez pasa por el mismo puesto. El vendedor trata de venderle un

pálida sin color en la cara; *pale*

cerrada *locked up*
Tocó a la puerta *He knocked at the door*

pañuelo, y otra vez dice que es una cosa especial, parte de una *leyenda*.

—Este es el pañuelo de *la Llorona*— dice el vendedor. Ella se llamaba Luisa, y era la madre de dos hijos. Un día su esposo dejó a la familia y se fue con otra mujer. La pena de Luisa era tan profunda que mató a sus dos hijos y se suicidió. Por eso su alma no puede descansar en paz. En las noches oscuras el fantasma de Luisa anda por las calles. Ella llora por sus niños muertos y por su esposo. Este pañuelo es el mismo pañuelo que secó las lágrimas de Luisa la noche fatal.

pañuelo *handkerchief*
leyenda historia vieja, que no se sabe si es la verdad o no; *legend*
la Llorona la mujer que llora; *woman who weeps*

—¡Increíble!— dice la Sra. Jiménez.

—Vámonos, mamá— le dice Daniel.— Lo que vende ese hombre es una colección de mentiras.

—Sí, mi hijo. Pero a veces la ficción es más divertida que la realidad.

Mientras Daniel y la Sra. Jiménez están con el vendedor de fantasías, Viviana está enfrente de un puesto de libros. Ella tiene en las manos un libro de poesía y otras *obras* de Sor Juana Inés de la Cruz. Sor Juana era una poeta mexicana del siglo XVII, famosa por su intelecto, su poesía, su belleza y su encanto. Viviana abre el libro. *Por casualidad* el libro no se abre en un poema, sino en una carta que Sor Juana le escribió a alguien que la criticó por sus intereses intelectuales. En aquella época las mujeres no debían ser intelectuales, sólo los hombres. En su «Respuesta a Sor Filotea de la Cruz», Sor Juana defiende el derecho de la mujer a una educación formal. Ella habla de su propia pasión por aprender. Mientras Viviana lee estas líneas, su anillo empieza a brillar, y la cara muy bella de Sor Juana aparece frente a ella.

obras *literary works*

Por casualidad *By chance*

—¿Sabes quién soy, niña?— le pregunta.

—Sí— dice Viviana.— Leí unos poemas suyos en mi clase de literatura— dice Viviana.

—¡Tú, una niña, tienes el derecho a una educación formal! ¡Gracias a Dios! Tuve que luchar por mi educación. Nací el dos de diciembre de 1648, en un pueblo pequeño entre Popocatépetl e Itzaccíhuatl. A la edad de tres años, seguía a mi hermana mayor a sus lecciones privadas para aprender a leer. Cuando tenía seis años, quería vestirme como muchacho para poder estudiar en el colegio de la Ciudad de México. Pero mi mamá dijo que no. Por eso tuve que aprender todo lo que podía, a solas, en la biblioteca de mi abuelo. Tenía ganas de aprender todo. Incluso dejé de comer queso porque alguien me dijo que el queso te hace tonta. Cuando tenía diez años mi madre me permitió ir a la Ciudad de México para vivir con mi tía. Allí, el *virrey* y su esposa me invitaron a vivir en la corte. En 1669 entré en un convento para llegar a ser monja. Allí podía leer, estudiar y enseñar a las niñas del colegio. Escribí poemas y dramas hasta 1693. En 1693, llena de conflicto entre mis pasiones literarias y religiosas, dejé de escribir. Me dediqué al pensamiento religioso…

virrey gobernador del territorio, que representa la autoridad del rey

La cara de Sor Juana desaparece, y Viviana se queda con el libro en las manos. Se siente muy agradecida por los derechos que tiene, agradecida por vivir en el siglo actual y no en el siglo XVII.

Ejercicios de comprensión

A. ¡A escoger! Selecciona la mejor respuesta para completar la frase.

1. Su último día en la Ciudad de México los Jiménez deciden ir ____.
- **a.** de compras
- **b.** a visitar otro museo
- **c.** a un convento
- **d.** a una biblioteca

2. En la leyenda de la Calle de Olmedo, el cura ve a una mujer que ____.
- **a.** vive allí actualmente
- **b.** se fue aquella mañana
- **c.** se murió hace medio siglo
- **d.** ya no está enferma

3. Según la leyenda de la Llorona, Luisa era una mujer que ____.
- **a.** se volvió loca por celos
- **b.** no quería a su esposo
- **c.** dejó a su esposo por otro hombre
- **d.** se volvió loca porque no podía tener hijos

4. Cuando Sor Juana era una niña, quería vestirse de muchacho porque las chicas no podían ____.
   a. viajar
   b. practicar los deportes
   c. entrar en conventos
   d. asistir al colegio

5. Sor Juana era todo lo siguiente MENOS ____.
   a. un miembro de una orden religiosa
   b. madre de una hija
   c. una escritora famosa
   d. una mujer muy linda

B. ¿Verdadero o falso? Si la frase es verdadera, di que sí. Si es falsa, corrígela.

1. Al principio, los Jiménez están de acuerdo sobre qué deben hacer su último día en la Ciudad de México.
2. La vendedora quiere venderle un juguete a Daniel.
3. La Llorona es el fantasma de un alma que no puede descansar.
4. Sor Juana es una mujer típica de su época.
5. Al final de su vida, Sor Juana dejó de ser monja.

Diálogo

Con un(a) compañero(a) de clase, prepara un diálogo entre Viviana o Daniel y Sor Juana sobre los derechos de la mujer en el siglo XVII y actualmente. Pueden discutir el cambio en el estereotipo de la mujer. Presenta tu diálogo a la clase.

Composición

A. Viviana está agradecida porque no vive en el siglo XVII. Ella está agradecida por los derechos que tiene. Escribe una lista de frases que empiezan «Estoy agradecido(a) porque...» o «Estoy agredecido(a) por...»

B. La leyenda de la Calle de Olmedo es una historia de fantasmas. Escribe tu propio cuento de fantasmas.

Capítulo 14

La Gran Cabeza Olmeca

VOCABULARIO

SUSTANTIVOS

el/la aficionado(a) *fan*
el día festivo día de celebración; *holiday*
el humor *mood* (estar de mal humor; estar de buen humor)
el pasado lo que pasó; *the past*
un pico un poco más (Tiene treinta y pico años. *He's thirty something.*)

VERBOS

alquilar *to rent*
ocurrir pasar; *to happen*
pesar *to weigh*
preocuparse por *to be worried about*

ADJETIVOS

pesado(a) que pesa mucho; *heavy*
sabio(a) que entiende mucho del mundo; *wise*
serio(a) *serious*

EXPRESIONES ÚTILES

estar preocupado(a) *to be worried*

Ejercicios de vocabulario

A. Pareo Escribe la letra de la palabra que corresponde.

1. preocuparse	**a.** el contrario de «el futuro»
2. sabio	**b.** no mucho
3. de buen humor	**c.** pagar por el uso de algo
4. el día festivo	**d.** estar muy nervioso
5. el pasado	**e.** no puedo llevarlo
6. alquilar	**f.** muy inteligente, el contrario de «tonto»
7. ocurrir	**g.** contento
8. serio	**h.** un día cuando no tenemos que ir a las clases
9. pesado	**i.** pasar
10. un pico	**j.** el contrario de «divertido»

B. Tus opiniones Contesta.

1. ¿Te preocupas mucho de tus notas? ¿De qué otra cosa te preocupas?
2. ¿De qué se preocupan tus padres?
3. ¿De qué actor o actriz eres gran aficionado(a)?
4. ¿Quién es la persona más sabia que conoces?
5. ¿Cuál es tu día festivo favorito? ¿Por qué?
6. ¿Eres aficionado(a) a un equipo deportivo *(sports team)?* ¿Cuál es?
7. ¿Por qué estás de mal humor a veces?
8. ¿Qué haces cuando estás de mal humor?
9. ¿Qué haces cuando estás de buen humor?
10. ¿En qué siglo ocurrió la conquista de México por los españoles?

La Gran Cabeza Olmeca

Viviana se acuesta muy tarde aquella noche. Se divierte por muchas horas con el libro de Sor Juana Inés de la Cruz que ella compró en La Lagunilla. La mañana siguiente la familia hace sus maletas. Hoy le dicen adiós a la Ciudad de México. Alquilan un auto y viajan 80 millas de la Ciudad de México a Puebla, la ciudad donde van a pasar la noche. Durante el viaje, cantan para pasar el tiempo y miran el mapa y la guía turística para decidir qué van a hacer en Puebla.

—Mamá,— dice Viviana —en el mapa de Puebla noto varias calles y lugares con nombres como Avenida 5 de Mayo y Boulevard Héroes del 5 de Mayo. ¿Qué es el «5 de mayo»?

—Es una gran celebración mexicana. ¿Te acuerdas de Benito Juárez y la lucha para liberar México de la invasión francesa?

—Sí. Juárez es «el Abraham Lincoln mexicano», el gran reformador— contesta Viviana.

—Pues, una gran victoria mexicana contra los frances ocurrió en Puebla, el 5 de mayo de 1862. Benito Juárez declaró un día festivo para celebrar la victoria y recordar a los valientes que lucharon en Puebla.

Los Jiménez pasan un día agradable en Puebla. La Sra. Jiménez compra unos platos de cerámica que se hacen en Puebla. Puebla es famosa por sus cerámicas.

A Viviana le encanta el Museo de la Revolución, donde ella descubre que los hombres como Pancho Villa y Emiliano Zapata no fueron los únicos héroes de la Revolución mexicana de 1910. En el museo, que es la casa donde ocurrió la primera batalla de la revolución, hay un cuarto dedicado a las mujeres valientes que lucharon. Este cuarto honra a Carmen Serdán y María Pistolas, dos mujeres que eran parte del grupo de veinte personas que lucharon contra una tropa de 500 hombres de Porfirio Díaz, el malvado, el dictador.

—¡Vaya con su feminismo!— dice Daniel, poco tolerante de las ideas políticas de su hermana.

Muy temprano a la mañana siguiente, la familia está de nuevo en el auto, *rumbo a* Jalapa, una distancia de unas ochenta y pico millas. En Jalapa se encuentra el Museo de Antropología de Jalapa. El Dr. Jiménez, aficionado a la antropología, tiene ganas de ver las cabezas enormes de piedra de la antigua civilización olmeca que están allí.

rumbo a *on the way to*

—Un viaje especial para ver unas viejas *cabezotas*— se queja Daniel, de mal humor, harto de tantas cosas culturales.

cabezota cabeza grande

—Vamos a ver lo que dices después de ver las cabezas— contesta su padre.

El Dr. Jiménez les explica que los olmecas vivían al sur de México, cerca del Golfo, hace *3.000 o 4.000* años. La cultura olmeca era la primera de la América Central, aún más temprana que la cultura maya. Poco se sabe de esa gente extraordinaria. Parece que adoraban figuras de parte humana y parte de un jaguar. También *tallaban* cabezas enormes de piedra, de más de ocho o nueve pies de altura que pesan 40 *toneladas*. La piedra para tallar estas cabezas fue transportada desde una distancia de 50 u 80 millas. ¿Cómo podían transportar piedra tan pesada por tanta distancia? Se cree que lo hacían por el río, en *balsas*. ¡Increíble!

3.000 o 4.000 *three or four thousand* (en español se usa un punto [.] en vez de la coma [,])
tallaban *carved*
toneladas *tons*
balsas *rafts*

Al llegar al frente del museo, en seguida ven la cabeza colosal. Toda la familia, incluso Daniel, se quedan maravillados. Miran en silencio y todos se dan cuenta de que es un momento que no van a olvidar nunca. A Viviana le fascinan los ojos y la expresión muy seria de la cara. La cabeza parece preocuparse por toda la condición humana. La cara parece muy sabia, parece entender los secretos del universo. ¡Las ganas que tiene Viviana de conocer el alma de esta cara! Su anillo no la deja desilusionada. Viviana oye la voz de la cara.

—¿Qué buscas, hija mía? ¿Por qué no me dejas en la tranquilidad de los siglos?

—Usted sabe los secretos del universo, ¿verdad?— le pregunta Viviana.

La cabeza *suspira*. Parece estar triste y preocupada. —Sí, niña, los sé. Los secretos de la vida y la muerte, del pasado y del futuro, del amor y de la esencia del *ser humano*. Pero créeme, hija, tú no quieres la responsabilidad de saber estas cosas...

suspira *sighs*

ser humano *human being*

Viviana sí quiere saber, pero no tiene la oportunidad de decirle nada más a La Gran Cabeza Olmeca. El anillo deja de brillar y Viviana ya no puede oír la voz. Está otra vez con su familia enfrente de la gran cabeza de piedra, que se queda con sus secretos para siempre.

Ejercicios de comprensión

A. ¡A escoger! Selecciona la mejor respuesta para completar la frase.

1. Todo lo siguiente se encuentra en Puebla MENOS ____.
   - **a.** el lugar de una victoria contra los franceses
   - **b.** la casa donde ocurrió la primera batalla de la Revolución mexicana
   - **c.** tiendas donde se venden platos bonitos
   - **d.** un monumento en honor de Porfirio Díaz

2. En la primera batalla de la Revolución mexicana ____.
   - **a.** unas pocas personas lucharon contra muchos soldados *(soldiers)*
   - **b.** dos mujeres lucharon contra muchos soldados
   - **c.** Pancho Villa luchó contra los hombres de Porfirio Díaz
   - **d.** Villa y Zapata lucharon contra los franceses

3. Para crear las cabezas enormes, los olmecas utilizaban ____.
   a. madera *(wood)* de los árboles de la selva (jungla)
   b. piedra que llevaban desde muy lejos
   c. piedra del lugar donde vivían
   d. metal precioso

4. Según la cabeza, saber los secretos del universo ____.
   a. no es muy divertido
   b. es una alegría *(joy)* enorme
   c. va a mejorar la vida de Viviana
   d. es una maravilla

B. ¿Verdadero o falso? Si la frase es verdadera, di que sí. Si es falsa, corrígela.

1. Después de pasar la noche en Puebla, los Jiménez van a volver a la Ciudad de México.
2. El 5 de Mayo es una celebración religiosa.
3. Daniel está de acuerdo con las ideas feministas de su hermana.
4. La cultura olmeca es mayor que la cultura maya.
5. La Gran Cabeza Olmeca parece muy contenta de hablar con Viviana.

Diálogo

Con un(a) compañero(a) de clase prepara una entrevista *(interview)* con La Gran Cabeza Olmeca. Puedes preguntarle sobre todos los secretos del universo, y él va a contestar. Presenta este diálogo a la clase.

Composición

A. La cara de La Gran Cabeza Olmeca les inspira emoción a los Jiménez. Vé a un museo de arte o mira un libro de arte en la biblioteca. Encuentra un cuadro, estatua u otra obra *(work)* de arte que te parezca maravilloso. Escribe una composición para describir la obra y explicar por qué te inspira una emoción tan fuerte.

B. El 5 de Mayo es un día festivo para celebrar la victoria de los mexicanos contra los franceses. Inventa tu propio día festivo. ¿Qué vas a celebrar? ¿Qué ceremonias o actividades vas a observar?

Capítulo 15

Chichén Itzá

VOCABULARIO

SUSTANTIVOS

la cadera una parte del cuerpo humano debajo de la cintura; *hip*
el codo una parte del brazo; *elbow*
la escalera algo que se usa para subir; *stairs, ladder*
el escalón cada parte de una escalera; *step*
el/la jugador(a) una persona que juega un deporte; *player*
la muñeca la parte del cuerpo humano entre la mano y el brazo; *wrist*
el significado *meaning*
el sitio el lugar
la sombra *shadow*

VERBOS

significar *to mean, to signify*

ADJETIVOS

entusiasmado(a) lleno(a) de entusiasmo; *excited*
espantoso(a) que da miedo; *scary, frightening*
fatigado(a) cansado(a); *tired*

EXPRESIONES ÚTILES

valer la pena *to be worth it, to be worthwhile*

◈◈ Ejercicios de vocabulario ◈◈

A. Crucigrama Llena el crucigrama.

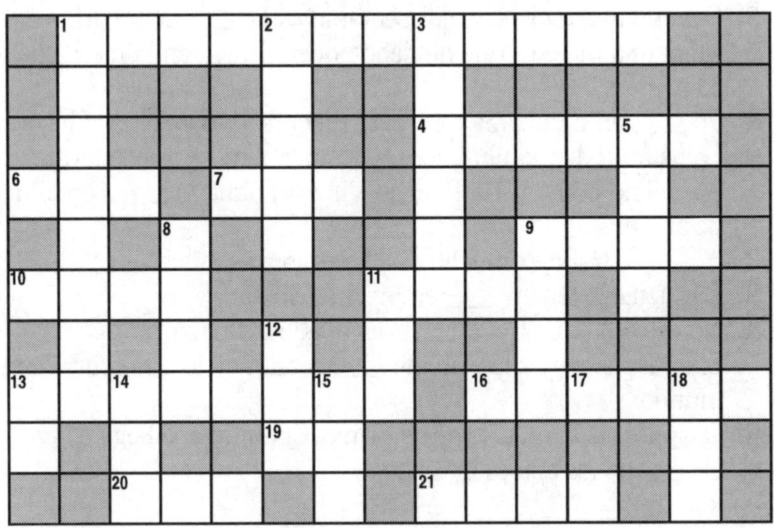

**Las respuestas no están limitadas al vocabulario de este capítulo.*

HORIZONTAL

1. El Dr. Jiménez está muy ____ al ver la gran cabeza olmeca porque es gran aficionado a estudiar las culturas del pasado.
4. Si te duele la ____, es difícil mover la mano.
6. Al principio, Viviana y Daniel no se ____ cuenta de lo difícil que es subir el Popocatépetl.
7. El primero de enero es un ____ festivo para celebrar el Año Nuevo.
9. La estatua era tan pesada que yo no ____ levantarla.
10. A Viviana le da mucha ____ pensar en la muerte de los Niños Héroes.
11. Benito Juárez cree que ____ la pena trabajar para lograr una sociedad más justa.
13. Daniel está muy ____ después de subir y bajar el volcán.
16. La ____ está entre la cintura *(waist)* y el muslo *(thigh)*.
19. Mi hermano cree que no vale la pena estudiar el pasado, pero ____ no estoy de acuerdo.
20. Para ser abogado hay que saber mucho de la ____.
21. No sé la edad exacta de mi abuelo, pero creo que tiene unos ochenta y ____ años.

VERTICAL

1. Para llegar a los dormitorios es necesario subir una ____.
2. Jalapa es el ____ del Museo de Antropología.
3. Cuando hace sol, es mejor sentarse en la ____ de un árbol.
5. Mi mamá me dice que no debo poner el ____ en la mesa cuando comemos.
8. Yo ____ en California pero actualmente vivo en Nueva Jersey.
9. La estatua de Cuauhtémoc ____ mucho; no se puede levantar.
11. Daniel no podía ver a Pancho Villa. Viviana lo ____ con la magia de su anillo.
12. ____ que trabajar mucho si quieres lograr mucho.
13. Los aztecas tenían ____ en muchos dioses.
14. No estoy seguro, pero ____ vez puedo ayudarte.
15. Si no leo el periódico, no me ____ cuenta de lo que ocurre en el mundo.
18. Después de la muerte de su primo, Cuauhtémoc llegó a ser el ____ de los aztecas.

B. Tus opiniones Contesta.

1. Según tú, ¿cuál es la película más espantosa del mundo?
2. ¿Eres aficionado(a) a algún(a) jugador(a) de un deporte? ¿Quién es?
3. Según tú, ¿qué significa «amar»?
4. ¿En qué sitio te sientes siempre preocupado(a)?
5. Completa las frases:
   a. Vale la pena…
   b. No vale la pena…
   c. Siempre estoy entusiasmado(a) cuando…
   d. Estoy fatigado(a) después de…
6. ¿Prefieres sentarte en la luz o en la sombra?

Chichén Itzá

El día siguiente por la mañana, los Jiménez salen de Jalapa y empiezan el viaje a la Península Yucatán. Es un viaje bastante largo: dos horas por autobús a Veracruz; un avión de Veracruz a Mérida; otro autobús, una hora y media, de

Mérida al *parador* cerca de Chichén Itzá, donde van a pararse. Este viaje vale la pena, porque Chichén Itzá es el sitio de las ruinas más famosas de la civilización maya. Incluso Daniel está entusiasmado con la idea de subir los muchos escalones de la pirámide enorme que se llama El Castillo.

parador hotel pequeño

—Puedo subir más rápido que tú— le dice a Viviana. Daniel no se da cuenta que subir por El Castillo de Chichén Itzá es muy difícil. Es casi imposible correr por los escalones.

Los Jiménez llegan al parador muy fatigados y pasan la tarde en la *piscina* del parador. Es mejor andar por Chichén Itzá por la mañana para evitar el calor del mediodía. Todos se acuestan en seguida después de cenar.

piscina un sitio para nadar; *swimming pool*

Se levantan temprano porque tienen ganas de ver las ruinas. Van directamente a El Castillo. El Castillo es una pirámide enorme, que los mayas construyeron en 800 A.D. El Castillo revela la influencia de los toltecas, otro grupo de indios que mezclaron su cultura con la de los mayas.

Primero, los niños quieren subir los 365 escalones de la pirámide. Daniel no puede subir tan rápido como se imaginaba. Hace calor y hay muchos escalones. La pirámide se divide en 4 escaleras de 91 escalones cada una, para igualar 364 escalones. Con la plataforma encima, llega a 365.

—Qué coincidencia— dice Viviana.— Hay 365 escalones, tantos escalones como días tiene el año.

—No es una coincidencia— dice su madre.— En realidad la pirámide es un gran calendario de piedra. Los mayas la construyeron de tal manera que durante el equinoccio la luz y la sombra forman la ilusión de una gran serpiente en las escaleras.

—¿Qué es el equinoccio?— pregunta Daniel.

—Es el momento en que el sol está exactamente sobre el Ecuador. Es el momento en que el día y la noche son iguales en todos los puntos de la Tierra. El equinoccio ocurre dos veces al año: del 20 al 21 de marzo y del 22 al 23 de septiembre.

—¿Podemos volver en marzo o septiembre para verlo?— pregunta Daniel, entusiasmado.

—Algún día, hijo. Vamos a ver...— contesta el Dr. Jiménez.

—Cuando los adultos dicen «vamos a ver», significa que no— le dice Daniel a Viviana.

Al llegar a la cumbre de la pirámide, ven la estatua de Quetzalcoatl, la serpiente *enplumada*, dios del cielo, adorado por los aztecas, toltecas y mayas. Pasan algunos momentos enfrente de la estatua. Quieren admirarla, pero también quieren descansar antes de bajar los muchos escalones.

enplumada *feathered*

Después, la familia entra en El Castillo. Daniel, Viviana y la Sra. Jiménez entran en la sala pequeña al centro de la pirámide. El Dr. Jiménez no entra porque es un espacio tan pequeño que casi parece que le falta el aire. El Dr. Jiménez es un poco claustrofóbico (es que tiene miedo de estar en espacios muy cerrados.) En la sala pequeña, los niños y la Sra. Jiménez ven dos cosas maravillosas y espantosas. Una es un trono en forma de un jaguar rojo con *manchas* verdes de jade. Este animal parece espantoso y *juguetón* al mismo tiempo. La otra cosa espantosa es una figura que se llama «un chacmool». El chacmool es una figura de un hombre que descansa, con las rodillas y la cabeza levantadas. En las manos tiene un *bol o recipiente*. En estos recipientes los mayas ponían los corazones de las víctimas del sacrificio humano.

manchas *spots*

juguetón que quiere jugar; *playful*

bol o recipiente *bowl or receptacle*

—Lo que me da miedo al mirarlo,— dice Viviana, —es la expresión tranquila que tiene el chacmool. ¡Imagínate estar tan tranquilo frente a la muerte violenta que ocurría *alrededor* de él!

alrededor *around*

Después de salir de El Castillo, los Jiménez entran en la gran *cancha de pelota*, donde jugaban los equipos mayas. La cancha es enorme, tan grande como una cancha de fútbol norteamericano. En las *paredes* hay *escenas talladas* de los juegos mayas. Viviana mira a uno de los jugadores, cuando su anillo brilla y se encuentra cara a cara con el joven jugador maya.

cancha de pelota *ball field*

paredes *walls*

escenas talladas *carved scenes*

—¿Cómo se juega este deporte?— le pregunta Viviana.

—¿Ves esos anillos de piedra en las paredes?— pregunta el jugador.

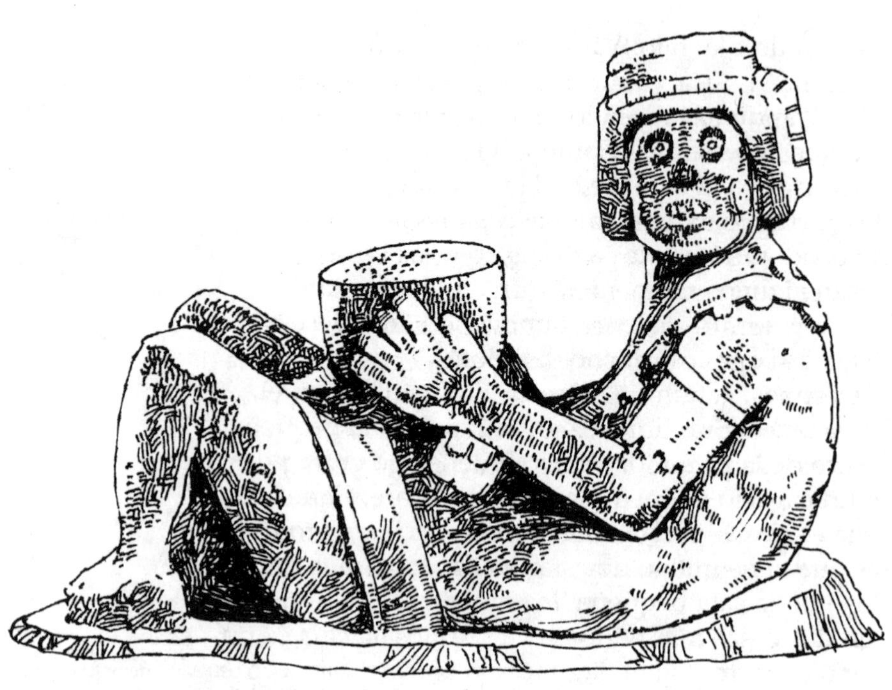

—Sí.

—Tenemos que pasar una pelota muy pesada, de ocho libras, por los anillos, sin usar las manos. Podemos usar los codos, las muñecas o las caderas— dice el jugador.

—¿Por qué pareces tan serio?— le pregunta Viviana.— Es muy divertido jugar un deporte, ¿no? Soy gran aficionada al tenis.

—Nuestros juegos tienen gran significado religioso. Jugamos por los dioses. Son juegos de la vida y la muerte. A veces los que ganan matan a los que pierden. Mueren como sacrificios a los dioses.

En este momento Viviana no quiere oír más. Su anillo parece entender, y ella está otra vez con su familia. —¡Y me parecía que los atletas de hoy toman los deportes demasiado en serio!— piensa Viviana.

Ejercicios de comprensión

A. Pareo Selecciona la mejor respuesta para completar la frase.

1. El Castillo es ____.
- **a.** el lugar donde vivían los reyes mayas
- **b.** una estructura con muchos escalones
- **c.** otro museo
- **d.** la capital de la civilización maya

2. Los Jiménez ven la estatua de Quetzalcoatl ____.
- **a.** antes de subir los escalones
- **b.** después de subir los escalones
- **c.** adentro de la pirámide
- **d.** después de salir de la pirámide

3. Los jugadores mayas podían usar todas partes del cuerpo MENOS ____.
- **a.** las caderas
- **b.** los codos
- **c.** las manos
- **d.** las muñecas

4. Después de oír lo que dice el jugador, Viviana tiene ganas de ____.
   a. aprender más de los deportes mayas
   b. jugar a la pelota
   c. llorar
   d. volver a su propio mundo

B. ¿Verdadero o falso? Si la frase es verdadera, di que sí. Si es falsa, corrígela.

1. Al salir de Jalapa, la destinación final de los Jiménez es Mérida.
2. El equinoccio es una forma de calendario.
3. Los mayas ponían los corazones de los sacrificios humanos en la estatua de Quetzalcoatl.
4. Los mayas practicaban deportes como una manera de honrar a sus dioses.
5. Viviana está desilusionada a causa de la violencia de los deportes mayas.

Diálogo

Con unos compañeros de clase, prepara un debate sobre la importancia de los deportes. Un lado debe presentar la opinión que los deportes son un aspecto importante de una sociedad. El otro lado debe presentar evidencia que nuestra sociedad les da demasiada importancia a los deportes. Presenta tu debate a la clase.

Composición

En Chichén Itzá, los Jiménez aprenden mucho de la cultura maya. En El Castillo, aprenden de su calendario, sus costumbres religiosas y su arte. En la cancha de pelota, aprenden de sus deportes y su significado religioso. Imagínate una cultura del próximo siglo, que quiere aprender de nuestra sociedad. ¿Qué cosas o documentos comunican más sobre nuestra vida? Selecciona una cosa (o varias cosas) para enseñarles a personas del futuro. Explica por qué esta cosa es importante para entender nuestra sociedad.

Capítulo 16

Mérida y adiós

VOCABULARIO

SUSTANTIVOS

el helado *ice cream*
el plato comida; *dish*
el pollo *chicken*
la unidad el estado de estar unidos o juntos; *unity*

VERBOS

caber *to fit*
cenar comer la tercera comida del día; *to eat dinner*
dañar hacerle daño; *to harm or hurt*
probar (ue) *to taste; to try on; to try out*
reír (i, i) *to laugh*

ADJETIVOS

conmovido(a) *emotionally moved*
diverso(a) diferente; *diverse*
profundo(a) *deep; intense*
rico(a) delicioso(a); *delicious; rich*

EXPRESIONES ÚTILES

profundamente de una manera profunda; *deeply*

◈◈ Ejercicios de vocabulario ◈◈

A. Los contrarios Escribe la letra de la palabra que es el contrario.

1. diverso	**a.** la separación
2. rico	**b.** superficial; una falta de intensidad
3. reír	**c.** igual; lo mismo
4. la unidad	**d.** llorar
5. profundo	**e.** ayudar
6. conmovido	**f.** no hay bastante espacio
7. cabe	**g.** sin emoción
8. dañar	**h.** le falta sabor *(flavor)*

B. Tus opiniones Contesta.

1. ¿Prefieres cenar en casa o en un restaurante?
2. ¿A qué hora cenan ustedes?
3. Cuando comes helado, ¿qué sabor *(flavor)* seleccionas?
4. ¿Te gusta probar comidas diversas?
5. ¿Pruebas la ropa antes de comprarla?
6. ¿Te gusta más el pollo o la carne *(meat)?*
7. ¿Con qué grupos sientes gran unidad? ¿Con tu familia? ¿Con los alumnos de tu escuela? ¿Con tu equipo deportivo?
8. En tu opinión, ¿cuál es el plato más rico del mundo?
9. En este capítulo, «jipijapa» es una palabra que les hace reír a Viviana y a Daniel. ¿Qué palabra te hace reír?

Mérida y adiós

Muy fatigados después del día tan activo en Chichén Itzá, los Jiménez cenan en el Restaurante Parador, cerca de las ruinas. Quieren probar un plato típico del Yucatán. Por eso comen «Pollo Pibil», un plato que se prepara con *pedazos* de pollo, *envueltos* en hojas de *banano*. Es muy rico—riquísimo.

A la mañana siguiente vuelven a Mérida en autobús, porque van a pasar su último día de vacaciones allí. Dejan sus maletas en el Hotel Dolores Alba, donde van a quedarse, y se van para ver la vieja

pedazos *pieces*
envueltos *wrapped in*
banano el árbol en que hay bananas

ciudad. Mérida es una vieja ciudad colonial y un centro de la cultura maya también. Sólo tienen un día para verla—mañana salen para los Estados Unidos.

Primero, los Jiménez quieren comprar regalos para todos sus amigos en los Estados Unidos. Van al mercado enorme de Mérida, donde se puede comprar *artesanías* maravillosas.

—A abuelita le va a gustar descansar en esta hamaca— dice Viviana.

—Imagínense al abuelo Benjamín en esta *guayabera*— dice Daniel.

Viviana quiere comprar cinco «jipis» para sus amigas en Englewood. Un «jipi» es un sombrero muy fino que muchos llaman un sombrero «panamá». El empleado explica que estos sombreros se hacen de la planta «jipijapa».

Daniel y Viviana se ríen de la palabra «jipijapa». Les parece muy divertida y la repiten muchas veces.

—Viviana,— dice la Sra. Jiménez,— tantos sombreros no van a caber en tus maletas.

—No te preocupes, mamá. Voy a llevarlos todos en la cabeza si es necesario. Son los regalos perfectos para mis amigas— contesta Viviana. Pero la verdad es que no hay problema con meterlos en la maleta. Los sombreros jipis son tan finos que se pueden *enrollar* y meterlos fácilmente en la maleta sin dañarlos. Todos salen del mercado muy contentos con sus compras.

La familia vuelve al hotel para dejar sus paquetes. Tienen hambre y van al Café Colón para compar un helado. Se sientan en los bancos de la Plaza Mayor para descansar y comer los helados. La Plaza Mayor era el centro religioso y social de los mayas y de los españoles también.

Después de descansar un poco, los Jiménez cruzan la plaza y van a la Catedral de San Ildefonso. Esta gran iglesia española está construída sobre el viejo sitio de un templo maya. Los españoles emplearon la piedra del templo para construir la catedral. Adentro hay un crucifijo (imagen de Jesucristo en la *cruz*) que se llama el «Cristo de la Unidad». Se llama así porque es el símbolo de la unión de la gente maya y la

artesanías cosas hechas a mano; *handcrafted goods*

guayabera camisa muy popular entre los hombres latinos

enrollar *to roll up*

cruz *cross*

gente española. Frente a esta figura de Jesucristo, Viviana está profundamente conmovida. Su anillo brilla y Viviana oye una voz. No es la voz de la figura de Jesucristo. Esta voz es una mezcla de voces. Son voces mayas, aztecas, españolas y toltecas. Son las voces de todas las culturas diversas que se juntan para formar México. Son las voces de los muertos y los vivos. Se incluyen la voz de Malinche y de Cuauhtémoc, la voz de Benito Juárez, de Pancho Villa, y de Pluma del Quetzal, las voces de Frida Kahlo y Diego Rivera y de Sor Juana Inés de la Cruz. Viviana incluso cree que puede oír la voz de un joven mexicano de hoy que se llama Alejandro. Todas estas voces diversas se juntan para decir las mismas palabras: unidad humana.

Al día siguiente los Jiménez están en el avión, *rumbo* al Aeropuerto Kennedy en Nueva York. Viviana está perdida en sus pensamientos. Piensa en la historia de México, en el heroísmo y la tragedia, en la gran diversidad de la gente mexicana y la gran riqueza de la cultura. Piensa en el viaje que no va a olvidar nunca. Un viaje verdaderamente inolvidable.

rumbo *on the way*

Ejercicios de comprensión

A. ¡A escoger! Seleccciona la mejor respuesta para completar la frase.

1. «Pibil» significa ____.
   - **a.** un pueblo de Yucatán
   - **b.** una manera de prepara el pollo
   - **c.** un tipo de sombrero
   - **d.** un tipo de banana

2. Viviana y Daniel se ríen porque ____.
   - **a.** oyen una palabra rara
   - **b.** los sombreros jipis son divertidos
   - **c.** el empleado es muy divertido
   - **d.** no entienden la palabra «jipijapa»

3. En la catedral Viviana oye ____.
   a. la voz de una estatua
   b. solamente las voces de gente del pasado
   c. las voces de los mayas
   d. las voces de gente del pasado y del presente

4. La idea central de este capítulo es que ____.
   a. es difícil seleccionar el regalo perfecto
   b. la historia de México está llena de tristeza
   c. la gente de culturas diversas debe vivir en paz y harmonía
   d. los Jiménez aprendieron mucho de la historia de México

B. ¿Verdadero o falso? Si la frase es verdadera, di que sí. Si es falsa, corrígela.

1. Va a ser difícil meter los jipis en la maleta.
2. Después de comprar los regalos, los Jiménez vuelven al hotel para tomar el almuerzo.
3. Viviana oye una voz que incluye varias voces.
4. Todos los regalos que los Jiménez compran son ropa, cosas que se puede llevar.

C. ¿Qué significa? Adivina *(Guess)* el significado de las palabras que siguen. Puedes imaginar el significado según el contexto y palabras similares. Escribe la palabra en inglés.

1. la hamaca
2. el paquete
3. cruzar
4. el heroísmo
5. la tragedia
6. inolvidable

D. Dos culturas Contesta.

1. ¿Qué dos culturas diversas se juntan en Mérida?
2. La catedral de San Ildefonso representa la unión de dos culturas. ¿Por qué?

Diálogo

Con un(a) compañero(a) de clase, prepara un diálogo sobre el regalo perfecto. Cada persona va a hacer preguntas sobre el mejor regalo que la otra persona recibió. ¿Cuál es el regalo? ¿Cuándo lo recibió? ¿De quién? ¿Por qué le gusta tanto?, etc.

Composición

De todas las personas históricas y culturales de este libro, ¿quién te impresionó más? ¿Cuál es tu favorito? Explica por qué.

Vocabulario

This vocabulary is intended to be complete, except for obvious cognates and common basic words learned early in beginning courses. Note that both masculine and feminine forms are provided for adjectives. Nouns referring to people are usually given in the masculine form only; if a particular noun is used in the book to refer to a female, then the feminine form of a noun is provided as well.

abogado *m.* lawyer
abuela *f.* grandmother
abusar to abuse
abuso *m.* abuse
acontecimiento *m.* event
acostarse (ue) to go to bed
actitud *f.* attitude
actividad *f.* activity
actor *m.* actor
actriz *f.* actress
actual current, present
actualmente now, currently, at present
acuerdo *m.* agreement; **estar de acuerdo** to agree
adentro inside
aficionado *m.* fan of
agradable nice, pleasant
agradecido(a) grateful
agua *f.* water
aguantar to put up with, to tolerate
águila *f.* eagle
alegría *f.* joy, happiness
alejarse de to move away from
alguien someone
alma *f.* soul
almorzar to have lunch
alquilar to rent
altar *m.* altar (place of worship)
alternativa *f.* choice, alternative
altura *f.* height
amable kind, friendly
amar to love
amor *m.* love
anillo *m.* ring
antepasado *m.* ancestor; relative from the past
antes before
antiguo(a) old
aparecer to appear
apuro *m.* trouble, problem
araña *f.* spider
árbol *m.* tree
arma *f.* weapon
arriba upwards
así thus
asistir to attend
asustarse to be startled, to be frightened
atacar to attack
atleta *m. and f.* athlete
autobús *m.* bus
avión *m.* airplane
ayudar to help

bajar to climb down
bajo under; **bajo(a)** short
bandera *f.* flag
bandido *m.* outlaw, bandit
barba *f.* beard
barco *m.* boat
barriga *f.* belly
basta ya enough already
batalla *f.* battle
bebé *m. and f.* baby
belleza *f.* beauty
bello(a) beautiful
beneficio *m.* benefit
biblioteca *f.* library
bigotes *m. plural* moustache
bilingüe bilingual
blusa *f.* blouse
bobo(a) silly, foolish
boda *f.* wedding
bol *m.* bowl
borrar to erase
bota *f.* boot
brazo *m.* arm
brillar to shine

caballo *m.* horse
caber to fit
cabeza *f.* head
cacto *m.* cactus
cada each
cadera *f.* hip
calendario *m.* calendar
calle *f.* street
cama *f.* bed
cambiar to change
caminar to walk
camisa *f.* shirt
canas *f. plural* gray hairs
cancha *f.* field, playing field
cansado(a) tired
cara *f.* face
caramba wow; holy mackerel
cariñoso(a) affectionate
carne *f.* meat, flesh
carta *f.* letter
casamentera *f.* matchmaker
casarse to get married
castigo *m.* punishment
castillo *m.* castle
causar to cause
celebrar to celebrate
celos *m. plural* jealousy; **tener celos** to be jealous
cenar to eat dinner, to dine
cerca near
cerro *m.* hill
charlar to chat
chile *m.* chili pepper
chocar to collide with, to crash into
cicatriz *f.* scar
cielo *m.* sky
ciencia *f.* science
cobarde *m.* coward
codo *m.* elbow
colección *f.* collection
colegio *m.* school
colorado(a) red
colosal huge, colossal
compañero(a) *m. (f.)* companion; **compañero(a) de clase** classmate
compañía *f.* company
comparado(a) compared
compensar to compensate
compras *f. plural* purchases; **ir de compras** to go shopping
conmovido(a) emotionally moved
conquistar to conquer
construir (y) to build, to construct
contestar to answer
contra against
contrario *m.* contrary
conveniencia *f.* convenience
convertir (ie, i) to convert
corazón *m.* heart
corrupto(a) corrupt
costumbre *f.* custom
creación *f.* creation
crear to create
crecer to grow
creer to believe
criar to raise, to bring up
crucifijo *m.* crucifix
cruz *f.* cross
cruzar to cross
cuadro *m.* painting, picture
cuarto *m.* room
cuatrocientos four hundred
cuenta: darse cuenta de to realize, to become aware of
cuento *m.* story
cuerpo *m.* body
cuestionar to question
cuidar to take care of
cultivar to grow, to cultivate
cumbre *f.* top part, peak
cura *m.* priest

dañar to harm, to hurt
daño *m.* harm, injury
deber should
débil weak
dedicar to dedicate
dedo *m.* finger
defender (ie) to defend
dejar de + *infinitive* to stop, quit (doing something)
dejar to leave (something behind); to permit
demasiado too much
dentro inside
deporte *m.* sport
derecha *f.* right

derecho *m.* right, the right
desayunar to eat breakfast
descansar to rest
descubrir to discover
desde since; from
desear to wish, to want, to desire
deseo *m.* wish, desire
desilusión *f.* disappointment
desilusionado(a) disappointed
después (de) after
destruir (y) to destroy
diálogo *m.* dialogue
dictadura *f.* dictatorship
difícil difficult
dignidad *f.* dignity
dinero *m.* money
dios *m.* god
diosa *f.* goddess
disfrutar to enjoy
diversidad *f.* diversity, variety
diversión *f.* fun, amusement
diverso(a) different, diverse
divertido(a) enjoyable, funny
divertirse (ie, i) to have a good time
dividir to divide
doler (ue) to ache, to hurt
dormido(a) asleep, sleeping
dormitorio *m.* bedroom
dueño *m.* owner
dulce *m.* candy
dulce sweet
durante during
durar to last

edad *f.* age
edificio *m.* building
elegir (i, i) to elect, to choose
eliminar to eliminate
emitir to emit, to give off (as light)
emocionante exciting
empanada *f.* meat pie
emperador *m.* emperor
emplear to employ, to use
enamorarse de to fall in love with
encantar to please greatly, to enchant
encanto *m.* enchantment, charm
encima on top of, above
enemigo *m.* enemy
enfermedad *f.* sickness, illness
enfrente in front
enojado(a) angry
entender (ie) to understand
entrada *f.* entrance; ticket
entre between
entusiasmado(a) excited, enthusiastic
época *f.* era, time
equinoccio m. equinox (moment when the Sun is over the Equator)
equipo *m.* team
equivocarse to get angry
escalera *f.* stairs, ladder
escalón *m.* step (part of a ladder or stairs)
escaparse to escape, to run away
esclavo *m.* slave
esconder to hide; **esconderse** to hide oneself
escritor(a) *m. (f.)* writer
esencia *f.* essence
espacio *m.* space
espantoso(a) frightening, scary
espíritu *m.* spirit
esposa *f.* wife
esposo *m.* husband
esqueleto *m.* skeleton
estación *f.* season
estatua *f.* statue
estómago *m.* stomach
evitar to avoid
exiliado *m.* exile (person in exile)
exilio *m.* exile
extranjero *m.* stranger
extraño(a) strange
extraordinario(a) extraordinary, marvelous

fácil easy
fácilmente easily
falda *f.* skirt
falta *f.* lack
faltar to be lacking
fantasma *m.* ghost
fascinar to fascinate
fastidiar to annoy
fatigado(a) tired
faz *f.* surface, face
fe *f.* faith
fenomenal phenomenal, extraordinary

feria *f.* fair, festival
festivo(a) festive; **día festivo** holiday
filosofía *f.* philosophy
fin *m.* end
flaco(a) thin
frase *f.* sentence
frente in front
fresco(a) fresh
frío *m.* cold
fuego *m.* fire
fuerte strong
fuerza *f.* force
futuro *m.* future

ganar to earn, to win
ganas *f. plural* wishes; **tener ganas de + *infinitive*** to feel like
gente *f.* people
gitano *m.* gypsy
gobernador *m.* governor
golpear to hit
gratificar to gratify
gritar to yell
grito *m.* scream
grotesco(a) grotesque, ugly
grueso(a) thick
guardar to keep
guerra *f.* war
guerrero *m.* warrior
guía *f.* guidebook; **guía turística** tourist guidebook
gusto *m.* taste, pleasure

hacia toward
hacienda *f.* estate, ranch
hambre *f.* hunger; **tener hambre** to be hungry
harto(a) fed up, sick of
hasta until
hay que it is necessary
helado *m.* ice cream
herir (ie, i) to wound
héroe *m.* hero
heroína f. heroine
heroísmo *m.* heroism
hija *f.* daughter
hijo *m.* son
historia *f.* history; story
hoja *f.* leaf, sheet (of paper)
honrar to honor
húerfano *m.* orphan
humilde humble
humo *m.* smoke
humor *m.* mood

iglesia *f.* church
igualar to equal
ilusión *f.* illusion
imagen *f.* image
imaginarse to imagine
importar to matter, to be important
impresionado(a) impressed
impresionar to impress
incidente *m.* incident
incluir (y) to include
incluso including
increíble incredible
injusto(a) unjust, unfair
inolvidable unforgettable
inspirar to inspire
intelecto *m.* intellect
intenso(a) intense
interés *m.* interest
irse to go away
izquierda *f.* left

jaguar *m.* jaguar
jardín *m.* garden
jefe *m.* chief, boss, leader
jugador *m.* player (of a game or sport)
juguete *m.* toy
juguetón playful
juntarse to join
justo(a) just, fair
juzgar to judge

labio *m.* lip
lado *m.* side
largo(a) long
lejos far
lengua *f.* language
levantado(a) raised
ley *f.* law
leyenda *f.* legend
liberar to free, to liberate
libertad *f.* freedom
libra *f.* pound

líder *m.* leader
limpiar to clean
limpio(a) clean
lindo(a) pretty
listo(a) ready; clever, smart
llegar a ser to become
llenar to fill
lleno(a) de full of
llevarse bien to get along well
llorar to cry
lluvia *f.* rain
loco(a) crazy; **volverse loco** to go crazy
lograr to achieve
luchar to fight
lugar *m.* place
luz *f.* light

maestra *f.* teacher
magia *f.* magic
mágico(a) magical
maíz *m.* corn
maleta *f.* suitcase
malvado *m.* villain
mancha *f.* stain
mandar to order, to demand
mano *f.* hand
maravilla *f.* marvel, wonderful thing
maravilloso(a) wonderful
matar to kill
matrimonio *m.* marriage
mayor older; more important
medio *m.* middle
medio(a) half
mejorar to improve, to make better
menor younger
menos less
mentira *f.* lie, falsehood
mercado *m.* market
merecer to deserve, to merit
meta *f.* goal
meter to put
metro *m.* subway
mezclar to mix
miedo *m.* fear; **tener miedo de** to fear, to be afraid of
miembro *m.* member
mientras while
milagro *m.* miracle
milla *f.* mile
ministro *m.* minister
mismo(a) same
mito *m.* myth
mochila *f.* backpack
molestar to bother
monja *f.* nun
mono *m.* monkey
monstruo *m.* monster
montaña *f.* mountain
montar a caballo to ride horseback
montón *m.* mountain
moreno(a) dark, dark-skinned
muebles *m. plural* furniture
muerte *f.* death
mundo *m.* world
muñeca *f.* wrist; doll
mural *m.* mural, painting on a wall
museo *m.* museum

nacer to be born
nacimiento *m.* birth
nariz *f.* nose
necesitar to need
nieve *f.* snow
niñez *f.* childhood
nombrar to name
novia *f.* girlfriend, bride
novio *m.* boyfriend, bridegroom

obispo *m.* bishop
obra *f.* work (of art, literature, etc.)
observador(a) observant
ocurrir to happen, to occur
odiar to hate
ofrecer to offer
ojo *m.* eye
olvidar to forget; **olvidarse de** to forget
orgullo *m.* pride
orgulloso(a) proud
oro *m.* gold
oscuro(a) dark

pagar to pay
país *m.* country, nation
palacio *m.* palace
pañuelo *m.* handkerchief
paquete *m.* package

parador *m.* inn, small hotel
pararse to stop
parecer to seem
pariente *m.* relative
parque *m.* park
pasado *m.* past
pasar to spend (time); to happen
pasión *f.* passion
patria *f.* country, homeland
paz *f.* peace
pecho *m.* chest
peligroso(a) dangerous
pelota *f.* ball
pena *f.* sadness, pain; **vale la pena** it's worth the trouble
pensamiento *m.* thought
peor worse
periódico *m.* newspaper
pesadilla *f.* nightmare
pesado(a) heavy
pico *m.* a little (**treinta y pico** thirty something)
pie *m.* foot
piedra *f.* stone
piel *f.* skin
pierna *f.* leg
pintar to paint
pintura *f.* paint
pirámide *f.* pyramid
piscina *f.* swimming pool
piso *m.* floor
plato *m.* dish, certain kind of food
pluma *f.* feather
poderoso(a) powerful
pollo *m.* chicken
ponerse to put on (clothing)
pozo *m.* well (source of water)
precioso(a) precious
preocuparse por to worry about
preso *m.* prisoner
primero(a) first
primo *m.* cousin
principio *m.* beginning
probar (ue) to taste, to try out
profundo(a) deep, profound
promesa *f.* promise
prometer to promise
propio(a) own, one's own
propósito *m.* purpose
proteger to protect
próximo(a) next
pueblo *m.* town
puerto m. port city
puesto *m.* booth, stall

quedar(se) to stay, to remain
quejarse to complain
quinceañera *f.* young woman celebrating her fifteenth birthday
quitar to take away from

raro(a) rare, unusual
reaccionar to react
realmente really
reconquistar to reconquer
recordar (ue) to remember, to remind
reflejar to reflect
regalo *m.* gift
reina *f.* queen
reír (i, i) to laugh
repente: de repente suddenly
repetir (i, i) to repeat
responder to respond, to answer
respuesta *f.* answer
retrato *m.* portrait
revelar to reveal
rey *m.* king
rico(a) rich, delicious
río *m.* river
riqueza *f.* richness, wealth
rodilla *f.* knee
ropa *f.* clothes
rosa *f.* rose
rosario *m.* rosary, rosary beads

sabio(a) wise
sabor *m.* flavor
sacrificio *m.* sacrifice
sala *f.* room, living room
saltar to jump
salvar to save
sangre *f.* blood
santo *m.* saint
santo(a) holy
sarape *m.* cloak, sarape
seco(a) dry
seguida: en seguida immediately
seguir (i, i) to continue

según according to
seguro(a) sure, certain
seleccionado(a) chosen
seleccionar to choose, to select
selva *f.* jungle
ser humano *m.* human being
serio(a) serious
serpiente *f.* serpent, snake
severo(a) severe, harsh
siglo *m.* century
significado *m.* meaning
significar to mean, to signify
siguiente following, next
simbolizar to symbolize
símbolo *m.* symbol
sirvienta *f.* servant, maid
sitio *m.* place
sociedad *f.* society
sol *m.* sun
soldado *m.* soldier
solo alone; **a solas** alone
sombra *f.* shadow
sonar (ue) to sound, to ring
soñador *m.* dreamer
subir to climb
suelo *m.* floor, ground
suerte *f.* luck; **tener suerte** to be lucky
sufrir to suffer
sur *m.* south
susto *m.* fear, shock

tal vez perhaps
tallar to carve
tanto(a) so much
tarde late
tejer to weave, to knit
temprano early
tierra *f.* land, earth, ground
tío *m.* uncle
típico(a) typical
tirar to pull, to throw; to shoot
tocar to touch; to knock; to play (an instrument)
tontería *f.* nonsense, silliness, foolishness
tonto(a) silly, foolish
torturar to torture
tragedia *f.* tragedy
traidor(a) *m. (f.)* traitor
tranquilidad *f.* tranquility
tratar to try; to treat
través: a través de across
tren subterráneo *m.* subway
triste sad
tristeza *f.* sadness
triunfar to triumph, to win
trono *m.* throne
tropa *f.* troop

último(a) last
único(a) only
unidad *f.* unity
unir to unite, to join
utilizar to use, to utilize

valentía *f.* valor, bravery
valer to be worth; **vale la pena** it's worth the trouble
valiente brave, valiant
variedad *f.* variety
varón m. male
vecino *m.* neighbor
vendedor(a) *m. (f.)* seller, vender
veras *f. plural* truth; **de veras** truly, really
verdad *f.* truth; **es verdad** it's true
verdadero(a) real, true
vestido *m.* dress
vestirse (i, i) to get dressed
vez *f.* time; **primera vez** first time; **en vez de** instead of
viajar to travel
viaje *m.* trip, voyage
vicio *m.* vice, bad habit
vida *f.* life
viento *m.* wind
vista *f.* view
vivo(a) alive, lively
volcán *m.* volcano
voz *f.* voice

ya no no longer
yanqui *m.* yankee, North American